POESIAS OCULTISTAS

Fernando Pessoa

POESIAS OCULTISTAS

Organização, seleção e apresentação de
João Alves das Neves

4ª edição

EDITORA AQUARIANA

© João Alves das Neves, 1995

Revisão: Maria Antonieta Santos
Projeto de capa e ilustrações de miolo: Luís Antônio Fernandes
Ilustração da capa: Costa Pinheiro
Composição: Magda Azevedo

Dados Internacionais de Catalogação na Publicação (CIP)
(Câmara Brasileira do Livro, SP, Brasil)

Pessoa, Fernando, 1888–1935.
 Poesias ocultistas / Fernando Pessoa ; organização, seleção e apresentação de João Alves das Neves. –– 2. ed. –– São Paulo : Aquariana, 1996.

 Bibliografia.
 ISBN 85-7217-048-0

 1. Ocultismo na literatura 2. Pessoa, Fernando, 1888–1935 – Crítica e interpretação 3. Poesia portuguesa I. Neves, João Alves das, 1927- II. Título.

96-5232   CDD–869.1

Indices para catálogo sistemático:

 1. Poesias ocultistas : Literatura portuguesa
 869.1

Direitos reservados:
Editora Aquariana Ltda.
Rua Lacedemônia, 68
Cep 04634-020 - São Paulo - SP
Tel.: (0xx11) 5031.1500 - Fax: 5031.3462
E-mail: aquariana@ground.com.br
Site: www.ground.com

Sumário

FERNANDO PESSOA, POETA DO MISTÉRIO
    (João Alves das Neves), 7

O que é o Ocultismo
    (textos em prosa de Fernando Pessoa), 29

Poemas, 43

NOTAS EXPLICATIVAS, 133

BIBLIOGRAFIA, 135

ÍNDICE COM A RELAÇÃO DOS POEMAS, DATAS E FONTES, 139

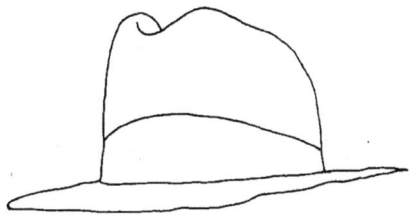

Fernando Pessoa, Poeta do Mistério
João Alves das Neves

... Creio na existência de mundos superiores ao nosso e de habitantes desses mundos, em experiências de diversos graus de espiritualidade, subutilizando-se até se chegar a um Ente Supremo, que presumivelmente criou este mundo. Pode ser que haja outros Entes, igualmente Supremos, que hajam criado outros universos, e que esses universos coexistam com o nosso, interpenetradamente ou não...

Assim explicava Fernando Pessoa – o Poeta do Mistério – o que entendia por Ocultismo, em carta de 14 de Janeiro de 1935 a Adolfo Casais Monteiro. Trata-se da curiosíssima carta sobre a gênese dos heterônimos (à qual outra se seguiu), mensagem que se situa muito para além da heteronímia.

Tudo parece simples a partir do Credo na existência dos mundos superiores. No entanto, há que atender, desde já, à definição dos vários passos ocultistas do poeta da **Mensagem**, *considerando que são múltiplos os degraus que transmitem as mensagens. Não-espírita. Não-maçônico. Não simplesmente astrólogo. Não apenas Rosa-Cruz. Não. Tudo isso e muito mais. Desde sempre no percurso de 13 de junho de 1888 a 30 de novembro de 1935.*

Num estranhíssimo livro, A invasão dos Judeus, *impresso em Lisboa no mês de Janeiro de 1935, o amigo do Poeta, Mário Saa (não confundir com Mário de Sá-Carneiro), biografou em cerca de 4 páginas o inventor dos heterônimos, começando por apontá-lo como "futurista e judeu", lembrando que o seu quinto avô, Sancho Pessoa, fôra "astrólogo, ocultista e psalmista" e que, preso pela Inquisição, esse antepassado tinha sido "condenado a confisco, por judeu militante, em 1706". Do lado paterno, não há que negar as origens, embora o Pai do Poeta não seguisse o culto judaico, enquanto a Mãe pertencia aos chamados cristãos-velhos, o que explicaria ter dado ao filho o nome de Fernando Antonio, em homenagem ao Santo Antonio de Lisboa (que morreu em Pádua), já que o santo e doutor da Igreja foi Fernando na vida laica e Antonio na religiosa.*

De qualquer modo, a biografia de Mário Saa contém curiosas informações, não somente por se tratar da provável primeira informação "ocultista" sobre o Poeta, mas também por haver sido redigida por um amigo que o conhecia bem de perto e publicada em vida do escritor plural. Traçando o perfil de Fernando Pessoa, dizia Mário Saa: "Nós o vemos fisionomicamente hebreu, com tendências astrológicas e ocultistas. (...) Lança-se e oculta-se; esconde-se e prepara novos lances; é um verdadeiro furta-fogo! Tudo isto se revela pelos seus numerosos pseudônimos – pelos que tem, e pelos que há de vir a ter, e... pelos que não se sabe que tem!..."

Prossegue o biógrafo com outros esclarecimentos que revelam estar bem ao par de certos mistérios do criador da heteronímia: "Além do seu verdadeiro nome, Fernando Pessoa, é ele Álvaro de Campos, (autor dum ultimatum que começa assim: 'Mandado de despejo aos mandarins da Europa! Fora!), Alberto Caeiro, Ricardo Reis, etc. Isto só, verdadeiramente podia lembrar a um indivíduo duma raça oculta, tal a judaica ou a chinesa, que são as que mais contribuem para as associações secretas, para a franco-maçonaria, por exemplo; são chamadas as raças femininas, por excelência. Ora esta multiplicidade de pseudônimos, a que ele chama multiplicidade de personalidades, é apenas, a mesma personalidade em diversas temperaturas". Etc. Etc.

Mário Saa, que foi poeta e ensaísta, tendo deixado largos traços nalguns caminhos ocultistas, analisa outros aspectos da obra pessoana então em florescimento por várias publicações literárias e cita a respeito Guillaume Apollinaire, assinalando que no francês e no português se encontram "bons exemplos de literatura idiche", admitindo, a propósito de Pessoa: "Contudo, ele assevera que, apesar de descendente de judeus, ele, individualmente, o não é!". Por fim, considera: "Fernando Pessoa, um dos poetas maiores da sua raça, é um inventivo e um expressionista analítico."

Apontado entre os principais biógrafos e intérpretes do poeta da Ode Marítima, *João Gaspar Simões consagrou um vasto capítulo à "Iniciação esotérica" no volume* Vida e Obra de Fernando Pessoa/ História de uma Geração, *com mais de 700 páginas, onde se refere à "Santa Kabbalah", ao caminho alquímico e à "Besta 666", além de dedicar outro capítulo a um tema relativamente próximo – "Messianismo político". Uma tendência ocultista que vinha, aliás, de bem longe, pois já em 6/12/1915, em carta a Mário de Sá-Carneiro (talvez o maior amigo), dizia Fernando Pessoa: "Estou outra vez presa de todas as crises imagináveis, mas agora o assalto é total. Numa coincidência trágica, desabaram sobre mim crises de várias ordens. Estou psiquicamente 'cercado'. / Renasceu a minha crise intelectual, aquela de que lhe falei, mas agora renasceu mais complicada, porque, à parte ter renascido nas condições antigas, novos fatores vieram emaranhá-la de todo. Estou por isso num desvairamento e numa angústia intelectuais que v. mal imagina. (...) Tive de traduzir livros teosóficos. Eu nada, absolutamente nada, conhecia do assunto. Agora, como é natural, conheço a essência do sistema. Abalou-me a um ponto que eu julgaria hoje impossível, tratando-se de qualquer sistema religioso. O caráter extraordinariamente vasto desta religião-filosofia; a noção de força, de domínio, de conhecimento* superior *e extra-humano que ressumam as obras teosóficas, perturbaram-me muito. Cousa idêntica me acontecera há muito tempo com a leitura de um livro inglês sobre* Os Ritos e os Mistérios dos Rosa-Cruz. *A possibilidade de que ali, na Teosofia, esteja a verdade real me hante."* (...)

Do Espiritismo à Teosofia

O encontro com a teosofia é posterior às experiências espíritas, de que teria participado "algumas vezes, incrédulo" (segundo Gaspar Simões); "Durante os anos que vivera com a tia Anica (Ana Luísa Nogueira de Freitas) tivera ocasião de ser industriado pela boa senhora nos segredos do espiritismo. Pelo contrário, parece que, incrédulo, quando assistia às sessões 'semi-espíritas' que por essa altura se realizavam (...), constituía um obstáculo ao bom êxito dessas sessões" – comenta o biógrafo. E há uma carta (de 24/6/1916) em que Fernando Pessoa relata à tia Anica, carta que documenta o pensamento do então jovem de 28 anos a respeito do espiritismo:

"(...) Aí por fins de março (se não me engano) comecei a ser médium. Imagine! Eu, que (como deve recordar-se) era um elemento atrasador nas sessões semi-espíritas que fazíamos, comecei, de repente, com a escrita automática. Estava uma vez em casa, de noite, (...) quando senti a vontade de, literalmente, pegar

numa pena e pô-la sobre o papel. É claro que depois é que dei por o fato de que tinha tido esse impulso. (...) Nessa primeira sessão comecei por a assinatura *(tão bem conhecida de mim) "Manuel Gualdino da Cunha".*

"(...) De vez em quando, umas vezes voluntariamente, outras obrigado, *escrevo. Mas raras vezes são 'comunicações' compreensíveis. Certas frases percebem-se. E há sobretudo uma cousa curiosíssima – uma tendência irritante para me responder a perguntas* com números; *assim como há a tendência para* desenhar. *Não são desenhos de cousas, mas de sinais cabalísticos e maçônicos, símbolos de ocultismo e cousas assim que me perturbam um pouco. (...) Devo dizer que o pretenso espírito do tio Cunha nunca mais se manifestou pela escrita (nem de outra maneira). As comunicações atuais são, por assim dizer, anônimas e sempre que pergunto 'quem é que fala?' faz-me desenhos ou escreve-me números.*

"(...) Guardo, porém, para o fim o detalhe mais interessante. É que estou desenvolvendo qualidades não só de médium escrevente, mas também de médium *vidente. Começo a ter aquilo a que os ocultistas chamam 'a visão astral', e também a chamada 'visão etérica'. Tudo está muito em princípio, mas não admite dúvidas. É tudo, por enquanto, imperfeito e em certos momentos só, mas neste momento existe.(...) Há momentos, por exemplo, em que tenho perfeitamente alvoradas (?) de 'visão etérica' – em que vejo a 'aura magnética' de algumas pessoas, e sobretudo, a minha ao espelho e, no escuro, irradiando-me as mãos. (...) A 'visão astral' está muito imperfeita. (...)*

"É que tudo isto não é o vulgar desenvolvimento de qualidades de médium. Já sei o bastante das ciências ocultas para reconhecer que estão sendo acordados em mim os sentidos chamados superiores para um fim qualquer que o Mestre desconhecido, que

assim me vai iniciando, ao impor-me essa existência superior, me vai dar um sofrimento muito maior do que até aqui tenho tido, e aquele desgosto profundo que vem com a aquisição destas altas faculdades é acompanhado duma misteriosa sensação de isolamento e de abandono que enche de amargura até ao fundo da alma. (...) Não sei se realmente julgará que estou doido. Creio que não. Estas cousas são anormais sim, mas não anti-naturais." *(...)*

Comenta o biógrafo João Gaspar Simões: "É certo que, se a fase espírita parece ter sido passageira – embora em setembro desse ano ainda confie a Cortes Rodrigues que continua a ser vítima de "fenômenos de mediunidade' –, já o mesmo não pode dizer-se da fase ocultista. Realmente o estudo da astrologia, com tudo o mais que se prende com as ciências ocultas, se já nessa altura parece familiar ao poeta da **Mensagem**, ir-se-á acentuando daí para o futuro."

Segundo João Gaspar Simões, Fernando Pessoa inclinou-se para os problemas transcendentes, após o derrame de sua mãe, em 1916: "Então se voltara para o espiritismo, primeiro estádio da revolução 'religiosa' que se ia operar na sua consciência. Mas a revolução não terminara ainda. O espiritismo levara-o à teosofia e da teosofia passara ao ocultismo, forma derradeira da iniciação esotérica a que se entregara." De certo modo, era "a intuição do mistério" que desde a adolescência inquietava o poeta.

A Maçonaria

Na autobiografia que redigiu com data de 30/3/1935 e que veio a ser publicada como introdução ao poema À memória do Presidente-Rei Sidônio Pais, *em 1940, declarava-se "liberal dentro do conservantismo, e absolutamente anti-reacionário", bem como a favor da Monarquia (mas considerava o sistema "inviável" em Portugal, no tempo, pelo que na hipótese de um plebiscito votaria a favor da República. Confessava-se ainda "cristão gnóstico", mas oposto às Igrejas organizadas: "Fiel, por motivos que mais adiante estão implícitos, à Tradição Secreta do Cristianismo, que tem íntimas relações com a Tradição Secreta em Israel (a Santa Kabbalah) e com a essência oculta da Maçonaria." Deixava em branco as informações sobre a sua "posição iniciática" e, politicamente, declarava-se "nacionalista que se guia por este lema: 'Tudo pela Humanidade; nada contra a Nação'." A posição social era a de "anti-comunista e anti-socialista", resumindo em três linhas todas as posições enunciadas: "Ter sempre em memória o mártir Jacques de Molay, Grã-Mestre dos Templários, e combater, sempre e em toda a parte, os seus três assassinos – a Ignorância, o Fanatismo e a Tirania."*

Somente em 1985, na exposição "Fernando Pessoa – O Último Ano", realizada na Biblioteca Nacional de Lisboa, foram divulgadas as 3 linhas da "Posição iniciática": "Iniciado, por comunicação direta de Mestre a Discípulo, nos três graus menores da (aparentemente extinta) Ordem Templária de Portugal".

Mas de que iniciação se trata? No artigo que publicou no Diário de Lisboa 4/2/1935 sobre as associações secretas, visando em particular a Maçonaria, cujas atividades foram proibidas pelo governo de Oliveira Salazar, afirmava Fernando Pessoa: *"(...) Não sou maçon, nem pertenço a qualquer Ordem semelhante ou diferente. Não sou porém anti-maçon, pois o que sei do assunto me leva a ter uma ideia absolutamente favorável da Ordem Maçônica. A estas duas circunstâncias, que de certo modo me habilitam a poder ser imparcial na matéria, acresce a de que, por virtude de certos estudos meus, cuja natureza confina com a parte oculta da Maçonaria – parte que nada tem de político ou social –, fui necessariamente levado a estudar também esse assunto – assunto muito belo, mas muito difícil, sobretudo para quem o estuda de fora."*

Prosseguindo, esclarecia o estudioso dos problemas do Ocultismo: "A Ordem Maçônica é secreta por uma razão indireta e derivada – a mesma razão por que eram secretos os Mistérios antigos, incluindo os dos cristãos, que se reuniam em segredo, para louvar a Deus, em o que hoje também se chamariam Lojas ou Capítulos, e que, para se distinguir dos profanos, tinham fórmulas de reconhecimento – toques, ou palavras de passe, ou o que quer que fosse. Por esse motivo os romanos lhes chamavam ateus, inimigos da sociedade e inimigos do Império – precisamente os mesmos termos com que hoje os maçons são brindados pelos sequazes da Igreja Romana, filha, talvez ilegítima, daquela maçonaria remota."

Este artigo provocou uma série de comentários na imprensa portuguesa da época, além de dois opúsculos, um deles por iniciativa do Grêmio Lusitano de Lisboa (maçônica), enquanto o outro suprime algumas passagens do artigo inicial e acrescenta outros comentários, não assinados.

A Astrologia segundo Pessoa

Segundo Gaspar Simões, o poeta da **Mensagem** *chegou a admitir a hipótese de se dedicar, profissionalmente, à astrologia – "ciência que cultivou com proficiência" e que talvez lhe tivesse permitido ganhar mais do que como tradutor, condição em que subsistiu.*

Paulo Cardoso, astrólogo e pintor, vai mais longe ao esclarecer que no espólio literário de Fernando Pessoa há cálculos e notas astrológicas desde 1908, observando que a astrologia foi, desde cedo, "a fórmula que respondia assiduamente às dúvidas que se lhe colocavam acerca da sua sincronia com a vida, ou com o mundo: no espólio existem variadíssimos cálculos astrológicos relativos às diferentes áreas da existência – dinheiro, afetividade, etc. – feitos muitos deles em diversos momentos do mesmo dia." E acrescenta Paulo Cardoso, no estudo Mar Portuguez/ a mensagem astrológica da Mensagem: "A importância da presença capital da astrologia na vida de Fernando Pessoa vai sem dúvida dirigir-se ao mundo da heteronímia. Aqui, ela, a astrologia, será o suporte técnico indispensável, a estrutura básica onde assentará o edifício – pirâmide de quatro lados – que o irá albergar conjuntamente com os seus 'companheiros de espírito'. A astrologia funcionará como filosofia essencial de apoio ao rigoroso projeto de arquitetura heteronímica que lhe permitirá descrever com profundidade, minúcia e exatidão, tanto a vida como a personalidade e, inclusivamente, o aspecto físico de cada um dos seus três heterônimos."

Não apenas três, mas muitos mais – a pesquisadora e ensaísta Teresa Rita Lopes já identificou, documentalmente, cerca de 70. E precisamente um deles é astrólogo, apesar de pouco conhecido, "Raphael Baldaya", que seria provavelmente "o chefe" do escritório astrológico projetado, mas que não chegou a funcionar, onde se propunha desenvolver três modelos horoscópicos, ao que se deduz de uma circular publicitária:

1 – "Horóscopo de experiência: 500 réis. (Breve resumo e ligeiras considerações sobre o teor geral da vida.)

2 – "Horóscopo completo, contendo uma leitura detalhada da vida e da sorte: 2.500 réis.

3 – "Horóscopo detalhado: 5.000 réis."

Além dos dois volumes já publicados sobre o Mar Portuguez *de Fernando Pessoa (um em torno de "a mensagem astrológica da* Mensagem*", e o outro abordando "a simbólica da Torre de Belém"), Paulo Cardoso projeta a organização de mais 3 volumes. Até lá, vários textos, assinados ou não por Raphael Baldaya, foram já divulgados, salientando-se do* Tratado de Astrologia *a seguinte definição pessoana: "O horóscopo não relata o que há antes do nascimento, nem o que há depois da morte, embora se possa admitir que aspectos (direções) em retrocesso, e em sucessão da morte, possam indicar certos fenômenos externos relativos à vida, por assim dizer pré-natal e pós-mortal do indivíduo. Isto, porém, é duvidoso." Etc.*

Anota-se que os vários biógrafos de Fernando Pessoa nunca aprofundaram os textos astrológicos do escritor-candidato a astrólogo nem tão pouco os interpretaram, limitando-se quase sempre a enunciá-los por alto. Paulo Cardoso é uma das raras exceções e, após os dois já citados livros, aguarda-se que a publicação dos outros 3 já anunciados (mapas astrais e outros textos) venha a contribuir para o esclarecimento seguro do ocultismo que o poeta da Mensagem *desenvolveu através da astrologia, que "é a arte da relação, a inter-relação, da interação", visto que "procura a unidade, promove o encontro harmônico entre o homem no seu todo, e deste com o Universo" – explica Paulo Cardoso.*

É que segundo o estudioso da astrologia pessoana foi graças à Astrologia que Fernando Pessoa achou a ferramenta que buscava e que lhe deu (ao Poeta) "a possibilidade de elaborar um mais bem determinado percurso interior, uma criação mais orientada da sua Obra, e uma mais perfeita arquitetura para a realização da sua missão*."*

Leituras da "Mensagem"

Tem várias leituras o poema Mensagem, *dividido em 3 partes: "Brasão", "Mar Portuguez" e "O Encoberto": o livro é "uma estrutura rigorosa em termos simbólicos" – escreveu Antônio Quadros. "Sendo, porém, em verdade um poema, e um poema em que há peças de uma grande beleza, concentrada como é a expressão, tensa e simbólica, densa a significação, e, por vezes, superiormente inspirada a versificação" – adianta Gaspar Simões.*

Será a realização do "supra-Camões" anunciado por Fernando Pessoa em 1912, quando na revista A Águia *publicou os vários capítulos da* Moderna Poesia Portuguesa? *Inquestionavelmente,* Mensagem *é um livro português, lusíada e de espírito universal.*

A primeira parte tem o título significativo de "Brasão", abrindo com o subtítulo "Os campos", que engloba 2 poemas: o dos Castelos e o das Quinas. A seção II ("Os Castellos" inclui os poemas "Ulysses", "Viriato", "O Conde D. Henrique", "D. Tareja", "D. Afonso Henriques", "D. Diniz", "D. João I" e "D. Philippa de Lencastre". A III seção intitula-se "As Quinas" e reune os versos de "D. Duarte, Rei de Portugal", "D. Fernando, Infante de Portugal", "D. Pedro, Regente de Portugal", "D. João, Infante de Portugal" e "D. Sebastião, Rei de Portugal". Por fim, "A Coroa" preenche a IV seção da Mensagem *com o poema "Nunalvares Pereira" e, na V seção, vêm "A Cabeça do Grypho – O Infante D. Henrique" e "Uma Asa do Grypho – Affonso de Albuquerque".*

"Mar Portuguez" é o título geral da II parte da Mensagem, *que reune 12 poemas: "O Infante", "Horizonte", "Padrão", "O Mostrengo", "Epitaphio de Bartolomeu Dias", "Os Colombos",*

"Occidente", "Fernão de Magalhães", "Ascensão de Vasco da Gama", "Mar Portuguez", "A Última Nau" e "Prece".

"O Encoberto" é o título geral da III parte do livro, lendo-se na I seção ("Os Symbolos" os poemas "D. Sebastião", "O Quinto Império", "O Desejado", "As Ilhas Afortunadas", "O Encoberto". "Os Avisos" é o título que abre a II seção com as poesias "O Bandarra", "Antonio Vieira" e "Terceiro". "Os Tempos" (3ª seção) inclui os versos "Noite", "Tormenta", "Calma", "Antemanhã" e "Nevoeiro".

A propósito do único verdadeiro livro que publicou em vida, assinala Antônio Quadros que nele emerge o "Poeta-filósofo, o Poeta-mágico e o Poeta-alquimista": "Brasão" é a Pátria antiga em termos simbólicos; "Mar Portuguez" é a leitura mítica da expansão portuguesa e em "O Encoberto" o Poeta interpreta os cinco Símbolos de Portugal: "D. Sebastião", "O Quinto Império" "O Desejado", "As Ilhas Afortunadas" e "O Encoberto". Um livro português!

"Leituras" diversas que o biográfo e ensaísta João Gaspar Simões assim resume: "incompreendida sempre no que tem de mais puro e de mais belo – a expressão lírica dos seus versos magistrais – (a Mensagem) acabou por chegar aqueles que a não tinham querido receber no momento em que lhes fôra oferecida pela candura mística do poeta." Na verdade, ainda há quem discuta hoje se o livro (ou o poema) recebeu o 1º prêmio ou não de um concurso literário, embora se conheça o regulamento, que estabelecia 2 categorias – a do livro e a do poema (classificado deste modo por ter menos de 100 páginas – que era o caso da Mensagem). Não há que estabelecer paralelos, de outro lado, entre Os Lusíadas e Mensagem, pois que diferentes foram também as "leituras" dos dois poetas. O que há a apurar é se Mensagem valeu a pena. E valeu!

Vale também a pena transcrever a interpretação astrológica que Paulo Cardoso fez do livro: "Fernando Pessoa dividiu a **Mensagem** *em três corpos distintos e no segundo deles, ou seja, no corpo* central, *agrupou* doze *poemas, tantos quantos os signos de Zodíaco. Os* doze *signos astrológicos fazem parte de um* todo. *Cada um deles não é – e Fernando Pessoa sabia-o – uma reunião arbitrária de determinados símbolos ou fatores da personalidade; nem sequer é casual a ordem pela qual se apresentam habitualmente. Cada um deles, embora goze de uma certa autonomia, é um passo de um percurso global que só é perfeito quando esses* doze *elementos se articulam entre si. Eles constituem um* ciclo *e funcionam como* um *organismo. Cada signo é resultante daquele que o antecede e a preparação do seguinte. Eles não são mais, afinal, do que a expressão das diferentes etapas da eterna metamorfose vivida pela natureza na sua trajetória, desde o princípio da Primavera – o signo de Carneiro até ao final do Inverno – o signo de Peixes."*

Conforme disse Gaspar Simões, "a expressão lírica" dos "versos magistrais" da **Mensagem** está aberta a qualquer leitor comum. Mas há também uma outra leitura (ocultista), explícita nos sucessivos poemas do Poema, como se deduz dos versos que encerram o livro de Fernando Pessoa:

Nevoeiro

Nem rei nem lei, nem paz nem guerra,
Define com perfil e ser
Este fulgor baço da terra
Que é Portugal a entristecer –
Brilho sem luz e sem arder,
Como o que o fogo-fátuo encerra.

Ninguem sabe que coisa quere.
Ninguem conhece que alma tem,
Nem o que é mal nem o que é bem.
(Que ancia distante porque chora?)
Tudo é incerto e derradeiro,
Tudo é disperso, nada é inteiro.
Ó Portugal, hoje és nevoeiro...
É a Hora!

Valete, Fratres.

(foi mantida a grafia original)

Espírita, maçônico, teósofo, astrólogo ou Rosa-Cruz?

Há espíritas e teosofistas que o incluem entre os seus e os maçônicos também, por ele se ter manifestado contra a extinção ditatorial da Maçonaria, enquanto os rosa-cruz o julgam nas suas fileiras e outros o catalogam como astrólogo. Haverá que respeitar, porém, a sua declaração: "Não sou maçon nem pertenço a qualquer Ordem semelhante ou diferente."

Inclassificável? Fernando Pessoa foi um interessado por tudo sem ter sido militante de algo que o prendesse. Além de haver sido um "insincero verídico", conforme o definiu Adolfo Casais Monteiro: "Quando julgamos saber quem foi o homem que escreveu os versos, resta-nos sempre, inexplicado, o segredo que o possa fundir novamente com a vida de que eles brotaram. E penso até que, quantos mais "fatos" conseguimos reaver, quanto mais claramente julgamos ter desvendado a teia da existência do poe-

ta, tanto mais inviável se revela o esforço para tornar inteligível a passagem da existência para o ser, que é, na sua raiz, o essencial problema da criação poética."

Evidentemente, estas palavras referem-se a Fernando Pessoa, acerca do qual salientou Casais Monteiro não ser necessária a *"fé"* do Poeta *"para explicar uma grande parte da sua obra – nem sequer a* Mensagem, *cujo nacionalismo místico a situa muito próximo dos seus versos mais caracterizadamente ocultistas."*

Interessada no estudo do esoterismo pessoano, ao qual dedicou um livro e consagrou outros estudos, Dalila L. Pereira da Costa entende que o autor da Mensagem é, nesta obra, *"o poeta da sua pátria".* E questiona: *"Na seriedade e na paixão de alma deste poeta, como duvidar do sentido profundo da missão que ele confiou à sua* Mensagem?"

Ao apresentar a poesia mágica, profética e espiritual de Fernando Pessoa, Pedro Teixeira da Mota não se exime de ressaltar que o poeta se filiou na tradição espiritual portuguesa de magos, videntes, discípulos e criadores: *"Neste sentido se pode dizer com Fernando Pessoa e com eles: – 'É a hora.'"*

Quer dizer, por outras palavras, que a Mensagem, *por mais significativa que se revele, não é um acidente, mas um dos resultados colhidos pelo Poeta do Mistério. Na devassa do segredo é que ele realmente se empenhou, sempre na expectativa de encontrar "a chave". Ou as chaves. Ou os diferentes caminhos que poderiam conduzir ao segredo de todos os segredos.*

Pedro T. da Mota, *que transcreveu e publicou numerosos textos ocultistas pessoanos, comentando-os com conhecimento de causa, informa no prefácio do livro* Rosea Cruz *(de textos pessoanos) que no espólio do poeta português são numerosos os documentos que tratam não somente da Rosea Cruz mas igualmente do Ocultismo, Franco-Maçonaria, Átrio, Subsolo, Cami-*

nho da Serpente e Ordem Templária de Portugal. E garante o investigador português que a compreensão do percurso e da obra de Fernando Pessoa, "sobretudo no seu aspecto hermético, tem ainda que ser considerada provisória face aos textos inéditos existentes no espólio e à sutileza do tema, que exige uma capacidade superior, quase diríamos, Rosa Cruz, difícil nos nossos dias."

Não obstante, o investigador reuniu no mencionado livro dezenas desses textos, selecionados em 7 capítulos, incluindo uma antologia, da qual destacamos alguns poemas que, com a devida vênia, reproduzimos pela primeira vez no Brasil: "Depuz, cheio de sombra e de cansaço," "Há cinco mestres de minha alma" e "Nunca os vi nem fallei". A maioria dos textos reunidos por Teixeira da Mota era desconhecida do público, mas outros já haviam sido comentados e parcial ou inteiramente divulgados, pois é conhecido há muito o interesse que Fernando Pessoa demonstrou pelo rosacrucianismo:

"Uma causa Infinita necessariamente produzirá um efeito infinito. Como o efeito, porém, se opõe à causa, será infinito de outra maneira" – escreveu Fernando Pessoa. E adiantou: "O nosso universo, porém, é-nos dado como finito e temporal, pois, se o víssemos, infinito e eterno, não o poderíamos ver. O mundo externo, pois, como nós o temos e nele vivemos, não pode ser efeito de uma Causa Infinita, mas, tão somente, de uma das manifestações ou criações finitas da Causa Infinita. Temos, pois, que a Causa Infinita é criadora da Realidade, que é infinita, e que uma Causa Finita é criadora do Universo. O Criador do Mundo não é o Criador da Realidade: em outras palavras, não é o Deus inefável, mas um Deus-homem ou Homem-Deus, análogo a nós mas a nós superior."

No seu já citado livro, Dalila Pereira da Costa destaca um poema pessoano, "No Túmulo de Christian Rosencreutz" e ob-

serva que nesse tempo "só se verá sincretismo, e não uma síntese, interior e viva", como foi sempre a do poeta. E acrescenta que aquilo "que foi propriamente do poeta" se integra, "numa mesma estrutura coerente de símbolos e mitos; suas contradições sempre foram só psicológicas: crenças e descrenças, sucessivas e simultâneas, e falta de unidade anímica, que lhe impediram, numa dada época da sua vida, a plena integração: a regeneração por que ele então ansiava e lutava."

A "Besta 666" em Lisboa

Quando Fernando Pessoa publicou a tradução do "Hino a Pã", de Aleister Crowley, houve quem pensasse tratar-se de mais um heterônimo. É claro que não era. A personalidade foi ortônima e vários outros a conheceram e biografaram, cada um a seu modo, como fez Somerset Maugham, na novela O Mágico.

Cremos, porém, que o primeiro biógrafo a abordar as relações do "mágico" inglês com o poeta português foi João Gaspar Simões, que conta haver sido por causa da astrologia que Fernando Pessoa veio a conhecer "um estranho homem, verdadeiro Cagliostro dos tempos modernos, em cuja complexidade e desenvoltura se acusam os traços típicos desse misto de charlatão e de inspirado que o nosso tímido mistificador debalde procurou ser." Ao ler o horóscopo de Crowley, notou Fernando Pessoa algumas falhas e apressou-se a comunicá-las: "Tempos depois, não sem surpresa (...), recebe, de Londres, uma carta de Crowley, onde o célebre mago dava inteira razão ao astrólogo português seu confrade. Estabelece-se correspondência entre os dois; Pessoa envia a Crowley os seus English Poems, *e um belo dia o mago anuncia ao seu êmulo perdido nos confins ocidentais da Europa que virá a Portugal, propositadamente, para conhecer, em carne e osso, o prodígio astrológico que ele é."*

Segundo o biógrafo, Fernando Pessoa ficou muito preocupado com a não esperada visita "daquele feiticeiro – cuja espantosa biografia lhe fôra dado a conhecer lendo a história das suas estranhas aventuras na obra onde discernira o erro de interpretação astrológica." Crowley teria 55 anos quando, em 1930, chegou a Lisboa, onde desembarcou do navio "Alcântara" no dia 2 de Setembro: "Em terra, Fernando Pessoa, transido e tímido, vê avançar para ele um homem alto, espadaúdo, envolto numa capa negra, cujos olhos, ao mesmo tempo maliciosos e satânicos, o fitam repreensivamente, enquanto exclama: 'Então que ideia foi essa de me mandar um nevoeiro lá para cima? (O navio atrasara a partida de Vigo cerca de 24 horas, em virtude de um espesso nevoeiro que se abatera sobre o litoral português).

Semanas depois, o escritor português aceita entrar "numa cabala em que Crowley dá largas ao seu cabotinismo": o inglês sai do Hotel da Europa, em Lisboa, a 24 de Outubro, juntamente com a jovem alemã Anni L. Jaeger, sem explicações: "Certa cigarreira depositada sobre uma carta que um jornalista, "acidentalmente" de passagem, em Cascais, pela estrada da Boca do Inferno, encontra no Mata-Cães, denuncia o misterioso desaparecimento do famoso astrólogo. Crime ou suicídio?

A notícia chega aos jornais lisboetas: "O jornalista Augusto Ferreira Gomes, confrade ocultista que no Notícias Ilustrado *iria contar, sob a forma de reportagem, o desaparecimento sensacional, pertence ao* complot.*"*

(A.F. Gomes foi também escritor e um dos seus livros de poemas, V Império, *teve prefácio de Fernando Pessoa). O poeta foi chamado à polícia para depor e narrou em depoimento sobre "o mistério" que o* Notícias Ilustrado *publicou em 5 de Outu-*

bro de 1930: "Em 18 de Setembro recebi uma carta de Crowley, escrita do Hotel Miramar, no Estoril. Dizia-me que Miss Jaeger tivera, na noite de 16, um violento ataque histérico, que havia sobressaltado o Hotel Paris inteiro; que em virtude disso tinha vindo para o Hotel Miramar, mas que na manhã de 17 Miss Jaeger tinha desaparecido. (...) Eu aceitaria de bom grado a indicação da Polícia Internacional, aceitaria, de menos bom grado, a hipótese de que se tratasse de uma mistificação de Crowley, se não fosse uma circunstância, contida na carta achada na Boca do Inferno, e que me fez reverter, em certo modo, à minha impressão primeira. A carta, traduzida literalmente, diz o seguinte: "L.G.P.,/ Ano 14. Sol em Balança./ Não posso viver sem ti. 'A outra Boca do Inferno' (sic) apanhar-me-á – não será tão quente como a tua./ Hisos/ Tu Li Yu."

"(...) Sobre o fato de Crowley assinar a carta, não com o próprio nome, nem com nenhum dos seus nomes ocultos ou maçônicos, mas com o nome representativo do que considera a sua primeira encarnação representativa, ou seja o primeiro 'ser essencial', também haveria algumas observações a fazer, e de algum modo viriam para o caso. O que aí está, porém, já basta."

O mistério da Boca do Inferno nunca foi desvendado pela Polícia Internacional. Para onde foi Aleister Crowley, não se sabe, mas apenas de onde veio e como é que chegou a Lisboa: nascido em Leamington no dia 12 de Outubro de 1875, o seu nome verdadeiro era Edward Alexander Crowley. O pai, Edward Crowley, fez fortuna como cervejeiro e, ao aposentar-se, dedicou-se à teosofia. Durante a Guerra de 1914/18, viveu nos Estados Unidos, onde prosseguiu seus programas ocultistas, vindo a escrever o Hino a Pã (que Fernando Pessoa traduziu para a Língua Portuguesa), mas morou também na Itália e noutros países. Publicou vários livros, incluindo poemas, além de um Diário do viciado em drogas e As Confissões de Aleister Crowley: *o seu diabolismo explicava-o como "revolta contra a religião da infância". Associava o sexo ao pecado: "A minha vida sexual era muito intensa. (...) O amor era um desafio ao cristianismo. Era degradação e condenação."* Fundou a Ordem da Aurora Dourada, cujos participantes foram assim definidos pelo mágico: *"Eles não eram protagonistas na luta espiritual contra as restrições, contra os opressores da alma humana, os blasfemadores que negavam a supremacia da vontade do homem."*

Esclarece Crowley que sua mãe admitiu que ele, por suas inclinações para a magia, pois nunca hesitava na realização até de violências e experiências indescritíveis, era a Besta do Apocalipse, cujo número é 666. "Mestre Therion" foi outro título que o mágico inglês ostentou. Denunciado pela imprensa, Aleister Crowley declarou num tribunal, ao ser interrogado, a propósito dos vários nomes que usava:

"— A Besta 666 é uma designação que significa apenas 'luz do Sol'. Assim, os senhores podem chamar-me 'Pequena Luz Solar'."

O mágico que amedrontou Fernando Pessoa morreu em 1/12/1947 em Brighton: enquanto o cremavam, alguns dos seus discípulos cantaram o Hino a Pã.

Em Janeiro de 1931, o poeta escrevia ao seu futuro biógrafo, João Gaspar Simões, dizendo ironicamente: *"O Crowley, que, depois de se suicidar, passou a residir na Alemanha, escreveu-me há dias e perguntou-me pela publicação da tradução. Tinha-lhe eu escrito, aqui há meses, que ela viria publicada na* Presença *em breve. V. é que me fez entalar-me com essa declaração. Veja lá, agora: não me deixe mal com o Mago! Mas, a sério, se há qualquer razão para aquilo não ser publicado, v. diga francamente."*

O Hino a Pã *de Mestre Therion (Aleister Crowley) foi realmente divulgado na* Presença *(n° 33, de Julho/Out. 1933), revista que se publicou em Coimbra, sob a direção de José Régio, Gaspar Simões e outros e que alguns críticos consideraram a mais representativa do "2° modernismo" português.*

Foi com base nas aventuras, nem sempre agradáveis de Aleister Crowley, que Somerset Maugham publicou em 1908 The Magician *(O Mágico foi editado em 1962 pela editora Globo, de Porto Alegre, com o subtítulo de "Os horrores da magia negra medieval revivem nesta novela do século XX"). O escritor inglês afirma ter conhecido o seu compatriota em Paris. Fazia e publicava versos em edições luxuosas que ele próprio custeava: "Quando o conheci, andava metido com o satanismo, a magia e o ocultismo. Isso era então uma espécie de moda em Paris, nascida, sem dúvida, do interesse que ainda despertava o livro de Huysmans,* Là-Bas.*"*

Adianta Somerset Maugham que escreveu a novela em 1907 e não se lembrava como surgira a idéia de fazer de Aleister o romanceado Oliver: "Embora, como disse, Aleister Crowley tenha servido de modelo para Oliver Haddo, este não é em absoluto um retrato dele. (...) Crowley, no entanto, reconheceu-se na criatura de minha invenção – pois não era outra coisa – e escreveu uma crítica da novela que ocupou uma página inteira da revista Vanity Fair, *assinando-se* Oliver Haddo*"...*

(Juqueí, 30 de abril de 1995)

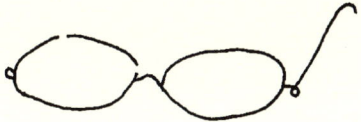

O QUE É O OCULTISMO

Por Fernando Pessoa

A regra do Oculto

A grande regra do Oculto é aquela do Pimandro de Hermes: "O que está em baixo é como o que está em cima." Assim a organização das Baixas Ordens copia, guardadas as diferenças obrigatórias, a organização das altas ordens; reproduzem-se os mesmos transes, por vezes as mesmas espécies de símbolos; o sentido é outro e menor, mas a regra da semelhança tem que ser mantida, pois, de contrário, a ordem menor não vive e abatem, por si, as ordens do seu templo. Parece, às vezes, que é dos graus simples que se desenvolvem os altos graus que as altas ordens foram buscar (alargando o sentido) os seus áditos e cursos. Não é, porém, assim. Vemos o caminho como o trilhamos, mas foi de lá para cá que ele foi construido.

... O que Deus fez oculto (se Deus fez alguma cousa oculta) é para se conservar oculto. Se não, ele tê-lo-ia feito claro.

O atual movimento ocultista resulta

a) da desagregação do cristianismo, que luta, a todo o transe, para se conservar sob todas as formas que lhe apareçam,

b) da nossa civilização internacional que tornou possível aos elementos emanantes da civilização como as da Índia e da China de chegarem até nós,

c) da incapacidade de uma geração neurastenizada pela rapidez excessiva do progresso moderno, industrial, cultural e científico, em se adaptar de pronto ao tipo de mentalidade que é necessário que corresponda às ideias-fontes desse progresso.

Esotérico/Exotérico

Afinal o conteúdo dos mistérios resume-se em ensinamentos sobre três ordens de coisas, que sempre se julgou que não devem ser reveladas ao geral dos homens.

... esses ensinamentos se deveriam dividir em duas ordens: exotéricos ou profanos os que são expostos de modo a que todos possam ser ministrados; esotéricos ou ocultos os que, sendo mais verdadeiros, ou inteiramente verdadeiros, não convém que se ministrem senão a indivíduos previamente preparados, gradualmente preparados, para os receber. A essa preparação se chamava, e chama, iniciação. E esta iniciação é ela mesma gradual em todos os mistérios, e de tal modo disposta que o indivíduo inapto para receber esses ensinamentos ocultos se revela tal antes que eles lhe sejam inteiramente dados.

... Seja como for, o certo é que os ensinamentos ministrados nos mistérios abrangem três ordens de coisas:
(1) a verdadeira natureza da alma humana, da vida e da morte,
(2) a verdadeira maneira de entrar em contato com as forças secretas da natureza e manipulá-las,
(3) a verdadeira natureza de Deus ou dos Deuses e da criação do mundo.

Teosofia

Recentemente tem tomado um grande relevo pelo mundo a propaganda da religião chamada Teosofia. Essa religião pretende ser a da Verdade; se não tivesse essa pretensão não seria uma religião. Pretende estar por detrás de todas as religiões. Pretende ser a depositária das antigas doutrinas ocultas; pretende representar uma comunicação para o exterior feita pelos chamados 'Mestres'.

... A teosofia, afinal, não passa de um sistema de filosofia hindu que, por tipicamente vago e lato, se adapta perfeitamente à ciência moderna, como de resto, a ela se adaptaria se por acaso ela fosse precisamente o contrário quanto aos princípios em que assentou.

Misticismo e Magia

O Misticismo busca transcender o intelecto (por intuição).
A Magia a transcender o intelecto pelo poder; a Gnose, a transcender o intelecto por um intelecto superior. Mas para verdadeiramente transcender uma coisa, é preciso primeiro passar através dela.
A vantagem do caminho gnóstico é haver menor tentação de atingir o intelecto superior sem passar pelo inferior – já que ambos são intelecto e há uma diferença de quantidade entre um e outro – do que nos caminhos místico e mágico, onde há uma diferença de qualidade, não de quantidade, entre emoção e intelecto, entre a vontade e o intelecto.

Símbolos e Ritos

Todos os símbolos e ritos dirigem-se, não à inteligência discursiva e racional, mas à inteligência analógica. Por isso não há absurdo em se dizer que, ainda que se quisesse revelar claramente o oculto, se não poderia revelar, por não haver para ele palavras com que se diga. O símbolo é naturalmente a linguagem das variedades superiores à nossa inteligência, sendo a palavra naturalmente a linguagem daquelas que a nossa inteligência abrange, pois existe para as abranger.

A Cabala

No espírito confuso de muitos a Cabala tem a preeminência de uma verdade. A Cabala, porém não é necessariamente uma verdade. Pode sê-lo. É tão somente uma especulação metafísica feita sobre dados mais completos do que os que o filósofo profano ordinariamente tem. É sujeita aos mesmos perigos de erro e de ilusão que as especulações profanas, pois as melhores premissas não dão aos especuladores a lógica ou o entendimento com que delas forçosamente extraíam melhores conclusões. Trabalhando sobre os dados mortos do mundo visível, pode Kant, por sua qualidade de Gênio, chegar-se mais à verdade do que o Rabbi Akiba, que tinha o poder de trabalhar sobre os dados vivos do grande invisível.

Números e Figuras

Sendo os números e as figuras os tipos externos da ordem e destino do mundo, a mais simples operação aritmética, algébrica ou geométrica, desde que seja bem feita, contém grandes revelações; e, sem precisão de mais sinais, na matemática estão as chaves de todos os mistérios. Isto não quer dizer – o que seria absurdo – que todos os matemáticos conscientemente nos estão comunicando os sinais de segredo, quando fazem os seus cálculos.

A Alquimia

A química oculta, ou alquimia, difere da química vulgar ou normal, apenas quanto à teoria da constituição da matéria; os processos de operação não diferem exteriormente, nem os aparelhos que se empregam. É o sentido, com que os aparelhos se empregam, e com que as operações são feitas, que estabelece a diferença entre a química e a alquimia.

... Como o físico (incluindo no termo o químico também), ao operar materialmente sobre a matéria, visa a transformar a matéria e a dominá-la, para fins materiais; assim o alquímico, ao operar, materialmente quanto aos processos mas transcendentemente quanto às operações, sobre a matéria, visa a transformar o *que a matéria simboliza, e a dominar o que a matéria simboliza*, para fins que não são materiais.

O Satânico e o Mágico

Tudo é um. O satânico é tão somente a materialização do divino. A magia é uma só; a magia negra não é mais que a magia branca feita materialmente. (O culto fálico, quando entendido como símbolo, é divino; quando tomado literalmente é orgíaco, e portanto satânico.) Se conhecermos os processos da magia negra e os interpretarmos como símbolo, chegaremos ao *conhecimento dos processos da magia branca*.

"Deus é um espírito", diz a Bíblia: e o divino é (em relação a este mundo) espiritual. O Diabo é a matéria (corpo) e a Trindade Satânica: o Mundo, a Carne e o Diabo. O Diabo (Saturno) é a Limitação.

A Astrologia

A astrologia é verificável, se alguém se der ao trabalho de a verificar. A razão por que os astros nos influenciam é uma questão a que é difícil dar resposta, mas não é uma questão científica. A questão científica é: influenciam ou não influenciam? A "razão por que" é metafísica e não tem que perturbar o fato, a partir do momento em que descobrimos que é um fato.

O Horóscopo

A vida é essencialmente ação, e o que o horóscopo indica é a ação que há na vida do nativo. Três coisas não há que buscar no horóscopo:
1) as qualidades fundamentais do indivíduo, quanto ao seu grau íntimo;
2) o ponto de partida social da sua vida;
3) o que resulta dele, e da vida que teve, depois da morte.
Tudo, menos isto, o horóscopo inclui e define.

... Exemplificando melhor: um horóscopo de poeta dramático poderá ser determinado como tal; poderá, adentro desse horóscopo, ser indicada uma certa fama e um certo proveito. À parte isso, o horóscopo pode ser o de Shakespeare ou o de um poeta dramático de inferior nota, que, na época em que viveu, tenha tido uma vida, quanto a fama e proveito, idêntica ou semelhante à de Shakespeare. O horóscopo revela, pouco mais ou menos, o que o mundo vê. Nunca devemos esquecer este pormenor importantíssimo. Sem ele nada faremos da astrologia.

Iniciação

Aquilo a que se chama "iniciação" é de três espécies: há, primeiro, e no nível ínfimo, a iniciação exotérica, análoga à iniciação maçônica, e de que esta é o tipo mais baixo: é a iniciação dada a quem propriamente se não encaminha para ela, nem para ela se preparou (porque sugestão de outrem, o impulso externo, e a simples curiosidade não são preparações), e que serve para pôr o indivíduo em condições de poder dar-se o caminho esotérico, de poder buscar, pelo contato, embora esotérico, com símbolos e emblemas, o verdadeiro caminho.

O mais exterior e nulo dos sistemas iniciáticos – como é hoje a maçonaria – serve este fim, logo que tenha conservado os fins pelos quais em nós se infiltra o primeiro conhecimento de oculto. O único fim com que os Rosa-Cruz instituiram a maçonaria exotérica é o de pôr muita gente em contato com, por assim dizer, o aspecto externo da verdade oculta, podendo assim aqueles, que se sintam aptos, ascender a ela lentamente.

Há, depois, a iniciação esotérica. Difere da primeira, em que tem que ser buscada pelo discípulo, e por ele desejada e preparada em si mesmo. "Quando o discípulo está pronto", diz o velho lema dos ocultistas, "o mestre está pronto também."

Há, por fim, a iniciação divina. Esta, não a dão nem exotéricos ou esotéricos menores, como a exotérica; vem diretamente, e por cima destes todos, das mesmas mãos, do que chamamos Deus.

A Maçonaria

... Se se quiser dar um nome de origem à Maçonaria, o mais que poderá dizer-se é que ela é, quanto à composição dos graus simbólicos, plausivelmente um produto do protestantismo liberal, e, quanto à redação deles, certamente um produto do século XVIII inglês, em toda a sua chateza e banalidade.

... os dois primeiros graus maçônicos, menos simbólicos que emblemáticos, não conduzem definitivamente a coisa nenhuma; e o grande mistério do Grau de Mestre – que é, por assim dizer, a Rosa de toda a Cruz Maçônica – é um símbolo vital mas abstrato, que cada qual pode interpretar no sentido que entender. E assim de fato se tem interpretado – a ele e à parte simbólica dos outros dois – através do vasto esquema divagativo dos Altos Graus e dos Graus Velados – estes, aliás, já fora e além da Maçonaria.

... Não sou maçon, nem pertenço a qualquer Ordem semelhante ou diferente. Não sou porém anti-maçon, pois o que sei do assunto me leva a ter uma ideia absolutamente favorável da Ordem Maçônica. A estas duas circunstâncias, que em certo modo me habilitam a poder ser imparcial na matéria, acresce a de que, por virtude de certos estudos meus, cuja natureza confina com a parte oculta da Maçonaria – parte que nada tem de político ou social –, fui necessariamente levado a estudar também esse assunto – assunto muito belo, mas muito difícil, sobretudo para quem o estuda de fora. (...)

Jacques de Molay

O suplício físico de Jacques de Molay, impotente para produzir nenhum resultado mais que baixamente material, desencadeou sobre a Igreja as forças mágicas que essa ação material era incompetente para dominar, servindo só para as desencadear.

... Num ponto, porém, a vingança de Molay, operando per vias inferiores, caíu no mesmo erro em que haviam caído os seus algozes. Foi quando D. Sebastião, A(depto) E(xempto), foi cair em Alcácer Quibir. (...)

Os Rosa-Cruz

... Os Rosa-Cruz (...), tendo de ministrar, embora veladamente, o mesmo ensinamento a outras populações, apresentaram-no de modo diverso. Não se referiram, senão de modo tão velado que só o compreendesse quem *pudesse* compreendê-lo, a Jesus, ao Adepto; apenas aludiram ao Cristo, ao Filho de Deus. Assim nada, no que diziam, feria a fé católica ou cristã dos seus leitores.

Deus

... O Criador do Mundo não é o Criador da Realidade: em outras palavras, não é o Deus inefável, mas um Deus-homem ou Homem-Deus, análogo a nós mas a nós superior.

... A dupla essência, masculina e feminina, de Deus – a Cruz. O mundo gerado, a Rosa, crucificada em Deus.

O zodiaco tem 360 graus
  O numero representativo do mal é o numero 2,
  porque é o que divide.
  O numero representativo do bem é o numero 3
  porque é o que une.

Previa o 1º aspecto mau, o aspecto mau basilar
é o do numero de graus que dá o do
zodiaco dividido pelo 2

$$\frac{360}{2} = 180°$$

180° é pois o aspecto mau por excellencia.
Chama-se Opposição a este aspecto. O
seu signal é ☍.

Do mesmo modo o aspecto bom basilar é
$$\frac{360}{3} = 120°$$ Chama-se Trigono a
este aspecto; o seu signal é △.

Todos os aspectos bons e maus partem d'estes
por divisão, isto é, enfraquecimento d'elles.
Assim, teremos como aspectos maus principaes:
  180, 90 [e 45] (☍, □ e ∠)
e como aspectos bons principaes
  120, 60 [e 30 e 15] (△, ✱, ⚹ e ∨)

Ha aspectos d'estes que, sommados, dão outros
aspectos:
                etc.

Ha a accrescentar duas posições de planetas: a conjunção e o parallelo de declinação.

HORÓSCOPO DE FERNANDO PESSOA FEITO PELO PRÓPRIO

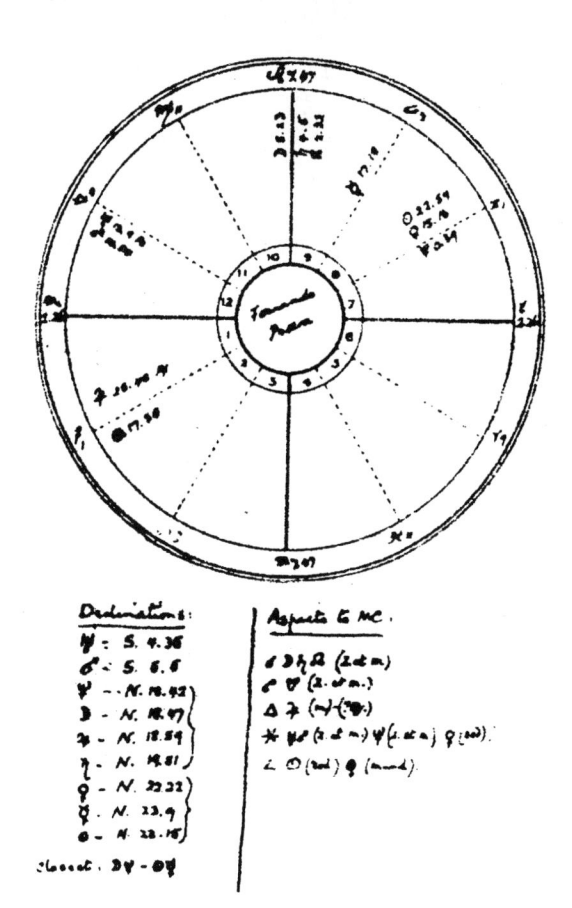

POEMAS

SONHO

Sonhei esta existencia de venturas,
Sonhei que o mundo era só d'amôr,
Não pensei que havia amarguras
E que no coração habita a dôr.

Sonhei que m'afagavam as ternuras
De leda vida e que jamais pallôr
Marcou na face humana as desventuras
Que a lei de Deus impoz com rigôr.

Sonhei tudo azul e côr de rosa
E a sorte ostentando-se furiosa
Rasgou o sonho formoso que tive;

Sonhando sempre eu não tinha sonhado
Que n'esta vida sonha-se acordado,
Que n'este mundo a sonhar se vive!*

(Foi mantida a grafia original)

METEMPSYCHOSE

Quando a vi o outro dia longe passeando,
Formosa como nunca, a sua formosura
Traduziu-se em minh'alma em mystica ternura,
Tirou da minha mente o que era vil, nefando.

Eu senti que m'estava logo dominando
Aquel' celeste olhar de suprema candura
E que d'esta minh'alma a noite sempre escura
Se tornou como o dia com o sol brilhando!

Aquelle olhar tirou as ideias fataes
Da pobre minha mente que agora fremita
Sob impulsos mais puros, ardentes, leaes;

E se só pelo bem meu coração palpita,
Se sonha minha mente sonhos idiaes,
É a sua alma pura que em minha alma habita!!

(Foi mantida a grafia original)

Meu pensamento é um rio subterrâneo.
Para que terras vai e donde vem?
Não sei... Na noite em que o meu ser o tem
Emerge dele um ruído subitâneo

De origens no Mistério extraviadas
De eu compreendê-las..., misteriosas fontes
Habitando a distância de ermos montes
Onde os momentos são a Deus chegados...

De vez em quando luze em minha mágoa,
Como um farol num mar desconhecido,
Um movimento de correr, perdido
Em mim, um pálido soluço de água...

E eu relembro de tempos mais antigos
Que a minha consciência da ilusão
Águas divinas percorrendo o chão
De verdores uníssonos e amigos,

E a ideia de uma Pátria anterior
À forma consciente do meu ser
Dói-me no que desejo, e vem bater
Como uma onda de encontro à minha dor.

Escuto-o... Ao longe, no meu vago tacto
Da minha alma, perdido som incerto,
Como um eterno rio indescoberto,
Mais que a ideia de rio certo e abstracto...

E p'ra onde é que ele vai, que se extravia
Do meu ouvi-lo? A que cavernas desce?
Em que frios de Assombro é que arrefece?
De que névoas soturnas se anuvia?

Não sei... Eu perco-o... E outra vez regressa
A luz e a cor do mundo claro e actual,
E na interior distância do meu Real
Como se a alma acabasse, o rio cessa...

ALEM-DEUS

I / Abismo

Olho o Tejo, e de tal arte
Que me esquece olhar olhando,
E súbito isto me bate
De encontro ao devaneando —
O que é ser-rio, e correr?

Tudo de repente é oco —
Mesmo o meu estar a pensar.
Tudo — eu e o mundo em redor —
Fica mais que exterior.

Perde tudo o ser, ficar,
E do pensar se me some.
Fico sem poder ligar
Ser, ideia, alma de nome
A mim, à terra e aos céus...

E súbito encontro Deus.

II / Passou

Passou, fora de Quando,
De Porquê, e de Passando...,

Turbilhão de Ignorado,
Sem ter turbilhonado...,
Vasto por fora do Vasto
Sem ser, que a si se assombra...

O universo é o seu rasto...
Deus é a sua sombra...

III / A Voz de Deus

Brilha uma voz na noute...
De dentro de Fora ouvi-a...
Ó Universo, eu sou-te...
Oh, o horror da alegria
Deste pavor, do archote
Se apagar, que me guia!

Cinzas de ideia e de nome
Em mim, e a voz: *Ó mundo,*
Sermente em ti eu sou-me...
Mero eco de mim, me inundo
De ondas de negro lume
Em que pra Deus me afundo.

IV / A Queda

Da minha ideia do mundo
    Caí...
Vácuo além de profundo,
Sem ter Eu nem Ali...

Vácuo sem si-próprio, caos
De ser pensado como ser...
Escada Absoluta sem degraus...
Visão que se não pode ver...
Além-Deus! Além-Deus! Negra calma...
Clarão de Desconhecido...
Tudo tem outro sentido, ó alma,
Mesmo o ter-um-sentido...

V / Braço sem Corpo Brandindo um Gládio

Entre a árvore e o vê-la
Onde está o sonho?
Que arco da ponte mais vela
Deus?... E eu fico tristonho
Por não saber se a curva da ponte
É a curva do horizonte...

Entre o que vive e a vida
Pra que lado corre o rio?
Árvore de folhas vestida —
Entre isso e Árvore há fio?
Pombas voando — o pombal
Está-lhes sempre à direita, ou é real?

Deus é um grande Intervalo,
Mas entre quê e quê?...
Entre o que digo e o que calo
Existo? Quem é que me vê?
Erro-me... E o pombal elevado
Está em torno na pomba, ou de lado?

Anjos ou deuses, sempre nós tivemos,
A visão perturbada de que acima
De nós e compelindo-nos
Agem outras presenças.

Como acima dos gados que há nos campos
O nosso esforço, que eles não compreendem,
Os coage e obriga
E eles não nos percebem,

Nossa vontade e o nosso pensamento
São as mãos pelas quais outros nos guiam
Para onde eles querem
E nós não desejamos.

PASSOS DA CRUZ

I

Esqueço-me das horas transviadas...
O Outono mora mágoas nos outeiros
E põe um roxo vago nos ribeiros...
Hóstia de assombro a alma, e toda estradas...

Aconteceu-me esta paisagem, fadas
De sepulcros a orgíaco... Trigueiros
Os céus da tua face, e os derradeiros
Tons do poente segredam nas arcadas...

No claustro sequestrando a lucidez
Um espasmo apagado em ódio à ânsia
Põe dias de ilhas vistas do convés

No meu cansaço perdido entre os gelos,
E a cor do outono é um funeral de apelos
Pela estrada da minha dissonância...

II

Há um poeta em mim que Deus me disse...
A Primavera esquece nos barrancos
As grinaldas que trouxe dos arrancos
Da sua efémera e espectral ledice...

Pelo prado orvalhado a meninice
Faz soar a alegria os seus tamancos...
Pobre de anseios teu ficar nos bancos
Olhando a hora como quem sorrisse...

Florir do dia a capitéis de Luz...
Violinos do silêncio enternecidos...
Tédio onde o só ter tédio nos seduz...

Minha alma beija o quadro que pintou...
Sento-me ao pé dos séculos perdidos
E cismo o seu perfil de inércia e voo...

III

Adagas cujas jóias velhas galas...
Opalesci amar-me entre mãos raras,
E fluido a febres entre um lembrar de aras,
O convés sem ninguém cheio de malas...

O íntimo silêncio das opalas
Conduz orientes até jóias caras,
E o meu anseio vai nas rotas claras
De um grande sonho cheio de ócio e salas

Passa o cortejo imperial, e ao longe
O povo só pelo cessar das lanças
Sabe que passa o seu tirano, e estruge

Sua ovação, e erguem as crianças...
Mas no teclado as tuas mãos pararam
E indefinidamente repousaram...

IV

Ó tocadora de harpa, se eu beijasse
Teu gesto, sem beijar as tuas mãos!,
E, beijando-o, descesse p'los desvãos
Do sonho, até que enfim eu o encontrasse

Tornado Puro Gesto, gesto-face
Da medalha sinistra – reis cristãos
Ajoelhando, inimigos e irmãos,
Quando processional o andor passasse!...

Teu gesto que arrepanha e se extasia...
O teu gesto completo, lua fria
Subindo, e em baixo, negros, os juncais...

Caverna em estalactites o teu gesto...
Não poder eu prendê-lo, fazer mais
Que vê-lo e que perdê-lo!... E o sonho é o resto...

V

Ténue, roçando sedas pelas horas,
Teu vulto ciciante passa e esquece,
E dia a dia adias para prece
O rito cujo ritmo só decoras...

Um mar longínquo e próximo humedece
Teus lábios onde, mais que em ti, descoras...
E, alada, leve, sobre a dor que choras,
Sem qu'rer saber de ti a tarde desce...

Erra no anteluar a voz dos tanques...
Na quinta imensa gorgolejam águas,
Na treva vaga ao meu ter dor estanques...

Meu império é das horas desiguais,
E dei meu gesto lasso às algas mágoas
Que há para além de sermos outonais...

VI

Venho de longe e trago no perfil,
Em forma nevoenta e afastada,
O perfil de outro ser que desagrada
Ao meu actual recorte humano e vil.

Outrora fui talvez, não Boabdil,
Mas o seu mero último olhar, da estrada
Dado ao deixado vulto de Granada,
Recorte frio sob o unido anil...

Hoje sou a saudade imperial
Do que já na distância de mim vi...
Eu próprio sou aquilo que perdi...

E nesta estrada para Desigual
Florem em esguia glória marginal
Os girassóis do império que morri...

VII

Fosse eu apenas, não sei onde ou como,
Uma cousa existente sem viver,
Noite de Vida sem amanhecer
Entre as sirtes do meu dourado assomo...

Fada maliciosa ou incerto gnomo
Fadado houvesse de não pertencer
Meu intuito gloríola com ter
A árvore do meu uso o único pomo...

Fosse eu uma metáfora somente
Escrita nalgum livro insubsistente
Dum poeta antigo, de alma em outras gamas,

Mas doente, e, num crepúsculo de espadas,
Morrendo entre bandeiras desfraldadas
Na última tarde de um império em chamas...

VIII

Ignorado ficasse o meu destino
Entre pálios (e a ponte sempre à vista),
E anel concluso a chispas de ametista
A frase falha do meu póstumo hino...

Florescesse em meu glabro desatino
O himeneu das escadas da conquista
Cuja preguiça, arrecadada, dista
Almas do meu impulso cristalino...

Meus ócios ricos assim fossem, vilas
Pelo campo romano, e a toga traça
No meu soslaio anónimas (desgraça

A vida) curvas sob mãos intranquilas...
E tudo sem Cleópatra teria
Findado perto de onde raia o dia...

IX

Meu coração é um pórtico partido
Dando excessivamente sobre o mar.
Vejo em minha alma as velas vãs passar
E cada vela passa num sentido.

Um soslaio de sombras e ruído
Na transparente solidão do ar
Evoca estrelas sobre a noite estar
Em afastados céus o pórtico ido...

E em palmares de Antilhas entrevistas
Através de, com mãos eis apartados
Os sonhos, cortinados de ametistas,

Imperfeito o sabor de compensando
O grande espaço entre os troféus alçados
Ao centro do triunfo em ruído e bando...

X

Aconteceu-me do alto do infinito
Esta vida. Através de nevoeiros,
Do meu próprio ermo ser fumos primeiros,
Vim ganhando, e através estranhos ritos

De sombra e luz ocasional, e gritos
Vagos ao longe, e assomos passageiros
De saudade incógnita, luzeiros
De divino, este ser fosco e proscrito...

Caiu chuva em passados que fui eu.
Houve planícies de céu baixo e neve
Nalguma cousa de alma do que é meu.

Narrei-me à sombra e não me achei sentido.
Hoje sei-me o deserto onde Deus teve
Outrora a sua capital de olvido...

XI

Não sou eu quem descrevo. Eu sou a tela
E oculta mão colora alguém em mim.
Pus a alma no nexo de perdê-la
E o meu princípio floresceu em Fim.

Que importa o tédio que dentro em mim gela,
E o leve Outono, e as galas, e o marfim,
E a congruência da alma que se vela
Com os sonhados pálios de cetim?

Disperso... E a hora como um leque fecha-se...
Minha alma é um arco tendo ao fundo o mar...
O tédio? A mágoa? A vida? O sonho? Deixa-se...

E, abrindo as asas sobre Renovar,
A erma sombra do voo começado
Pestaneja no campo abandonado...

XII

Ela ia, tranquila pastorinha,
Pela estrada da minha imperfeição.
Seguia-a, como um gesto de perdão,
O seu rebanho, a saudade minha...

"Em longes terras hás-de ser rainha"
Um dia lhe disseram, mas em vão...
Seu vulto perde-se na escuridão...
Só sua sombra ante meus pés caminha...

Deus te dê lírios em vez desta hora,
E em terras longe do que eu hoje sinto
Serás, rainha não, mas só pastora –

Só sempre a mesma pastorinha a ir,
E eu serei teu regresso, esse indistinto
Abismo entre o meu sonho e o meu porvir...

XIII

Emissário de um rei desconhecido,
Eu cumpro informes instruções de além,
E as bruscas frases que aos meus lábios vêm
Soam-me a um outro e anómalo sentido...

Inconscientemente me divido
Entre mim e a missão que o meu ser tem,
E a glória do meu Rei dá-me o desdém
Por este humano povo entre quem lido...

Não sei se existe o Rei que me mandou,
Minha missão será eu a esquecer,
Meu orgulho o deserto em que em mim estou...

Mas ah, eu sinto-me altas tradições
De antes de tempo e espaço e vida e ser...
Já viram Deus as minhas sensações...

XIV

Como uma voz de fonte que cessasse
(E uns pra os outros nossos vãos olhares
Se admiraram), p'ra além dos meus palmares
De sonho, a voz que do meu tédio nasce

Parou... Apareceu já sem disfarce
De música longínqua, asas nos ares,
O mistério silente como os mares,
Quando morreu o vento e a calma pasce...

A paisagem longínqua só existe
Para haver nela um silêncio em descida
P'ra o mistério, silêncio a que a hora assiste

E, perto ou longe, grande lago mudo,
O mundo, o informe mundo onde há a vida...
E Deus, a Grande Ogiva ao fim de tudo...

O mundo rui a meu redor, escombro a escombro.
Os meus sentidos oscilam, bandeira rota ao vento.
Que sombra de que o sol enche de frio e de assombro
A estrada vazia do conseguimento?

Busca um porto longe uma nau desconhecida
E esse é todo o sentido da minha vida.

Por um mar azul nocturno, estrelado no fundo,
Segue a sua rota a nau exterior ao mundo.

Mas o sentido de tudo está fechado no pasmo
Que exala a chama negra que acende em meu entusiasmo

Súbitas confissões de outro que eu fui outrora
Antes da vida e viu Deus e eu não o sou agora.

Súbita mão de algum fantasma oculto
Entre as dobras da noite e do meu sono
Sacode-me e eu acordo, e no abandono
Da noite não enxergo gesto ou vulto.

Mas um terror antigo, que insepulto
Trago no coração, como de um trono
Desce e se afirma meu senhor e dono
Sem ordem, sem meneio e sem insulto.

E eu sinto a minha vida de repente
Presa por uma corda de Inconsciente
A qualquer mão nocturna que me guia.

Sinto que sou ninguém salvo uma sombra
De um vulto que não vejo e que me assombra,
E em nada existo como a treva fria.

NATAL

Nasce um deus. Outros morrem. A Verdade
Nem veio nem se foi: o Erro mudou.
Temos agora uma outra Eternidade,
E era sempre melhor o que passou.

Cega, a Ciência a inútil gleba lavra.
Louca, a Fé vive o sonho do seu culto.
Um novo deus é só uma palavra.
Não procures nem creias: tudo é oculto.

GOMES LEAL

Sagra, sinistro, a alguns o astro baço.
Seus três anéis irreversíveis são
A desgraça, a tristeza, a solidão.
Oito luas fatais fitam no espaço.

Este, poeta, Apolo em seu regaço
A Saturno entregou. A plúmbea mão
Lhe ergueu ao alto o aflito coração,
E, erguido, o apertou, sangrando lasso.

Inúteis oito luas da loucura
Quando a cintura tríplice denota
Solidão e desgraça e amargura!

Mas da noite sem fim um rastro brota,
Vestígios de maligna formosura:
É a lua além de Deus, álgida e ignota.

DEMOGORGON

Na rua cheia de sol vago há casas paradas e gente que anda.
Uma tristeza cheia de pavor esfria-me.
Pressinto um acontecimento do lado de lá das fronteiras e
                                    [dos movimentos.

Não, não, isso não!
Tudo menos saber o que é o Mistério!
Superfície do Universo, ó Pálpebras Descidas,
Não vos ergais nunca!
O olhar da Verdade Final não deve poder suportar-se!

Deixai-me viver sem saber nada, e morrer sem ir saber nada!
A razão de haver ser, a razão de haver seres, de haver tudo,
Deve trazer uma loucura maior que os espaços
Entre as almas e entre as estrelas.

Não, não, a verdade não! Deixai-me estas casas e esta gente;
Assim mesmo, sem mais nada, estas casas e esta gente...
Que bafo horrível e frio me toca em olhos fechados?
Não os quero abrir de viver! Ó Verdade, esquece-te de mim!

EPITÁFIO DESCONHECIDO

Quanta mais alma ande no amplo informe,
A ti, seu lar anterior, do fundo
Da emoção regressam, ó Cristo, e dormem
Nos braços cujo amor é o fim do mundo.

O ÚLTIMO SORTILÉGIO

"Já repeti o antigo encantamento,
E a grande Deusa aos olhos se negou,
- Já repeti, nas pausas do amplo vento,
As orações cuja alma é um ser fecundo.
Nada me o abismo deu ou o céu mostrou.
Só o vento volta onde estou toda e só,
E tudo dorme no confuso mundo.

"Outrora meu condão fadava as sarças
E a minha evocação do solo erguia
Presenças concentradas das que esparsas
Dormem nas formas naturais das coisas.
Outrora a minha voz acontecia.
Fadas e elfos, se eu chamasse, via,
E as folhas da floresta eram lustrosas.

"Minha varinha, com que da vontade
Falava às existências essenciais,
Já não conhece a minha realidade.
Já, se o círculo traço, não há nada,
Murmura o vento alheio extintos ais,
E ao luar que sobe além dos matagais
Não sou mais do que os bosques ou a estrada.

"Já me falece o dom com que me amavam.
Já me não torno a forma e o fim da vida
A quantos que, buscando-os me buscavam.
Já, praia, o mar dos braços não me inunda.
Nem já me vejo ao sol saudado erguida,

Ou, em êxtase mágico perdida,
Ao luar, à boca da caverna funda.

"Já as sacras potências infernais,
Que, dormentes sem deuses nem destino,
À substância das coisas são iguais,
Não ouvem minha voz ou os nomes seus,
A música partiu-se do meu hino.
Já meu furor astral não é divino
Nem meu corpo pensado é já um deus.

"E as longínquas deidades do atro poço,
Que tantas vezes, pálida, evoquei
Com a raiva de amar em alvoroço,
Inevocadas hoje ante mim estão.
Como, sem que as amasse, eu as chamei,
Agora, que não amo, as tenho, e sei
Que meu vendido ser consumirão.

"Tu, porém, Sol, cujo ouro me foi presa,
Tu, Lua, cuja prata converti,
Se já não podeis dar-me essa beleza
Que tantas vezes tive por querer,
Ao menos meu ser findo dividi —
Meu ser essencial se perca em si,
Só meu corpo sem mim fique alma e ser!

"Converta-me a minha última magia
Numa estátua de mim em corpo vivo!
Morra quem sou, mas quem me fiz e havia,
Anônima presença que se beija,
Carne do meu abstracto amor cativo,
Seja a morte de mim em que revivo;
E tal qual fui, não sendo nada, eu seja!"

HINO A PÃ

De Mestre Therion (Aleister Crowley)

Vibra do cio subtil da luz,
Meu homem e afã
Vem turbulento da noite a flux
De Pã! Iô Pã!
Iô Pã! Iô Pã! Do mar de além
Vem da Sicília e da Arcádia vem!
Vem como Baco, com fauno e fera
A ninfa e sátiro à tua beira,
Num asno lácteo, do mar sem fim,
A mim, a mim!
Vem com Apolo, nupcial na brisa
(Pegureira e pitonisa),
Vem com Artémis, leve e estranha,
E a coxa branca, Deus lindo, banha
Ao luar do bosque, em marmóreo monte,
Manhã malhada da âmbrea fonte!
Mergulha o roxo da prece ardente
No ádito rubro, no laço quente,
A alma que aterra em olhos de azul
O ver errar teu capricho exul
No bosque enredo, nos nós que espalma
A árvore viva que é espírito e alma
E corpo e mente – do mar sem fim
(Iô Pã! Iô Pã!),
Diabo ou deus, vem a mim, a mim!
Meu homem e afã!
Vem com trombeta estridente e fina
Pela colina!

Vem com tambor a rufar à beira
Da Primavera!
Com frautas e avenas vem sem conto!
Não estou eu pronto?
Eu, que espero e me estorvo e luto
Com ar sem ramos onde não nutro
Meu corpo, lasso do abraço em vão,
Áspide aguda, forte leão —
Vem, está vazia
Minha carne, fria
Do cio sozinho da demonia.
À espada corta o que ata e dói,
Ó Tudo-Cria, Tudo-Destrói!
Dá-me o sinal do Olho Aberto,
E da coxa áspera o toque ereto,
E a palavra do Louco e do Secreto,
Ó Pã! Iô Pã!
Iô Pã! Iô Pã Pã! Pã Pã! Pã,
Sou homem e afã:
Faze o teu querer sem vontade vã,
Deus grande! Meu Pã!
Iô Pã! Iô Pã! Despertei na dobra
Do aperto da cobra.
A águia rasga com garra e fauce;
Os deuses vão-se;
As feras vêm. Iô Pã! A matado,
Vou no corno levado
Do Unicornado.
Sou Pã! Iô Pã! Iô Pã Pã! Pã!
Sou teu, teu homem e teu afã,
Cabra das tuas, ouro, deus, clara
Carne em teu osso, flor na tua vara.
Com patas de aço os rochedos roço

De solstício severo a equinócio.
E raivo, e rasgo, e roussando fremo,
Sempiterno, mundo sem termo,
Homem, homúnculo, ménade, afã,
Na força de Pã.
Iô Pã! Iô Pã Pã! Pã! Iô Pã!

O "Hino a Pã" foi traduzido e publicado
por Fernando Pessoa.

A morte é a curva da estrada,
Morrer é só não ser visto.
Se escuto, eu te oiço a passada
Existir como eu existo.

A terra é feita de céu.
A mentira não tem ninho.
Nunca ninguém se perdeu.
Tudo é verdade e caminho.

Lâmpada deserta,
No átrio sossegado.
Há sombra desperta
Onde se ergue o estrado.

No estrado está posto
Um caixão floral.
No átrio está exposto
O corpo fatal.

Não dizem quem era
No sonho que teve.

Oscila o incensório antigo
Em fendas e ouro ornamental.
Sem atenção absorto sigo
Os passos lentos do ritual

Mas são os braços invisíveis
E são os cantos que não são
E os incensórios de outros níveis
Que vê e ouve o coração.

Ah, sempre que o ritual acerta
Seus passos e seus ritmos bem,
O ritual que não há desperta
E a alma é o que é, não o que tem.

Oscila o incensório visto,
Ouvidos cantos 'stão no ar,
Mas o ritual a que eu assisto
É um ritual de relembrar.

No grande Templo antenatal,
Antes de vida e alma e Deus...
E o xadrez do chão ritual
É o que é hoje a terra e os céus...

Na sombra do Monte Abiegno
Repousei de meditar.
Vi no alto o alto Castelo
Onde sonhei de chegar.
Mas repousei de pensar
Na sombra do Monte Abiegno.

Quanto fora amor ou vida,
Atrás de mim o deixei,
Quanto fora desejá-los,
Porque esqueci não lembrei.
À sombra do Monte Abiegno
Repousei porque abdiquei.

Talvez um dia, mais forte
Da força ou da abdicação,
Tentarei o alto caminho
Por onde ao Castelo vão.
Na sombra do Monte Abiegno
Por ora repouso, e não.

Quem pode sentir descanso
Com o Castelo a chamar?
Está no alto, sem caminho
Senão o que há por achar.
Na sombra do Monte Abiegno
Meu sonho é de o encontrar.

Mas por ora estou dormindo,
Porque é sono o não saber.
Olho o Castelo de longe,
Mas não olho o meu querer.
Da sombra do Monte Abiegno
Quem me virá desprender?

Do vale à montanha,
Da montanha ao monte,
Cavalo de sombra,
Cavaleiro monge,
Por casas, por prados,
Por quinta e por fonte,
Caminhais aliados.

Do vale à montanha,
Da montanha ao monte,
Cavalo de sombra,
Cavaleiro monge,
Por penhascos pretos,
Atrás e defronte,
Caminhais secretos.

Do vale à montanha,
Da montanha ao monte,
Cavalo de sombra,
Cavaleiro monge,
Por plainos desertos
Sem ter horizontes,
Caminhais libertos.

Do vale à montanha,
Da montanha ao monte,
Cavalo de sombra,
Cavaleiro monge,
Por ínvios caminhos,
Por rios sem ponte,
Caminhais sozinhos.

Do vale à montanha,
Da montanha ao monte,
Cavalo de sombra,
Cavaleiro monge,
Por quanto é sem fim,
Sem ninguém que o conte,
Caminhais em mim.

Não meu, não meu é quanto escrevo.
A quem o devo?
De quem sou o arauto nado?
Por que, enganado,
Julguei ser meu o que era meu?
Que outro mo deu?
Mas, seja como for, se a sorte
For eu ser morte
De uma outra vida que em mim vive,
Eu, o que estive
Em ilusão toda esta vida
Aparecida,
Sou grato Ao que do pó que sou
Me levantou.

(E me fez nuvem um momento
De pensamento.)
(Ao de quem sou, erguido pó,
Símbolo só.)

Não quero ir onde não há a luz,
Do outro lado abóbada do solo,
Ínfera imensa cripta, não mais ver
As flores, nem o curso ao sol de rios,
Nem onde as estações que se sucedem
Mudam no campo o campo. Ali, no escuro,
Só sombras múrmuras, êxuis de tudo,
Salvo da saudade, eternas moram;
Região aos mesmos íncolas incógnita,
Dos naturais, se os tem, desconhecida.
Ali talvez só lírios cor de cinza
Surgirão pálidos da noite imota.

Ali talvez só pelo som as águas,
Como a cegos, serão, e o surdo curso,
No côncavo sossego lamentoso,
Se acaso à vista habituada aclare,
Será como um cinzento tédio externo.

Não quero o pátrio sol de toda a terra
Deixar atrás, descendo, passo a passo,
A escadaria cujos degraus são
Sucessivos aumentos de negrume,
Até ao extremo solo e noite inteira.

Para que vim a esta clara vida?
Para que vim, se um dia hei-de cair
Da haste dela? Para que no solo
Se abre o poço da ida? Por que não
Será sem fim [?...]

Nesta vida, em que sou meu sono,
Não sou meu dono,
Quem sou é quem me ignoro e vive
Através desta névoa que sou eu
Todas as vidas que eu outrora tive,
Numa só vida.
Mar sou; baixo marulho ao alto rujo,
Mas minha cor vem do meu alto céu,
E só me encontro quando de mim fujo.

Quem quando eu era infante me guiava
Senão a vera alma que em mim estava?
Atada pelos braços corporais,
Não podia ser mais.
Mas, certo, um gesto, olhar ou esquecimento
Também, aos olhos de quem bem olhasse
A Presença Real sob o disfarce
Da minha alma presente sem intento.

Em outro mundo, onde a vontade é lei,
Livremente escolhi aquela vida
Com que primeiro neste mundo entrei.

Livre, a ela fiquei preso e eu a paguei
Com o preço das vidas subsequentes
De que ela é a causa, o deus; e esses entes,
Por ser quem fui, serão o que serei.

Por que pesa em meu corpo e minha mente
Esta miséria de sofrer? Não foi
Minha a culpa e a razão do que me dói.

Não tenho hoje memória, neste sonho
Que sou de mim, de quanto quis ser eu.
Nada de nada surge do medonho
Abismo de quem sou em Deus, do meu
Ser anterior a mim, a me dizer
Quem sou, esse que fui quando no céu,
Ou o que chamam céu, pude querer.

Sou entre mim e mim o intervalo –
Eu, o que uso esta forma definida
De onde para outra ulterior resvalo.
Em outro mundo   [...]

O ENCOBERTO

Que symbolo fecundo
Vem na aurora anciosa?
Na Cruz Morta do Mundo
A Vida, que é a Rosa.

Que symbolo divino
Traz o dia já visto?
Na Cruz, que é o Destino,
A Rosa, que é o Christo.

Que symbolo final
Mostra o sol já disperto?
Na Cruz morta e fatal
A Rosa do Encoberto.

(Foi mantida a grafia original)

EROS E PSIQUE

...E assim vedes, meu Irmão, que as verdades
que vos foram dadas no Grau de Neófito, e aquelas
que vos foram dadas no Grau de Adepto Menor, são,
ainda que opostas, a mesma verdade.

Do Ritual do Grau de Mestre do Átrio
na Ordem Templária de Portugal

Conta a lenda que dormia
Uma Princesa encantada
A quem só despertaria
Um Infante, que viria
De além do muro da estrada.

Ele tinha que, tentado,
Vencer o mal e o bem,
Antes que, já libertado,
Deixasse o caminho errado
Por o que à Princesa vem.

A Princesa Adormecida,
Se espera, dormindo espera.
Sonha em morte a sua vida,
E orna-lhe a fronte esquecida,
Verde, uma grinalda de hera.

Longe o Infante, esforçado,
Sem saber que intuito tem,
Rompe o caminho fadado.
Ele dela é ignorado.
Ela para ele é ninguém.

Mas cada um cumpre o Destino –
Ela dormindo encantada,
Ele buscando-a sem tino
Pelo processo divino
Que faz existir a estrada.

E, se bem que seja obscuro
Tudo pela estrada fora,
E falso, ele vem seguro,
E, vencendo estrada e muro,
Chega onde em sono ela mora.

E, inda tonto do que houvera,
À cabeça, em maresia,
Ergue a mão, e encontra hera,
E vê que ele mesmo era
A Princesa que dormia.

Depuz, cheio de sombra e de cansaço,
As armas da magia entre onde estão
Os livros sacros com quem tenho o laço
Que dá à alma a Força e a Visão.
Ai, não pude depor meu coração!

Quam alto fui para o que todos são!
Quam baixo para quanto quiz em mim!
Vi e toquei o que a outros é visão
Em sombras ou desejos, vaga e escura,
Na confusão da confusão sem fim
Sou hoje a minha propria sepultura.
Tenho deserto e alheio o coração.

Quantos, com longo estudo e fiel vontade,
Tentam pisar as sendas do Poder,
Sem que sintam uma unica verdade,
Sem que o invocado espírito appareça,
Sem que o dominem, se é apparecido,
Sem que sintam, como eu, sobre a cabeça.
A coroa dos magos – ah, mas essa,
Se é de gloria no nitido esplendor,
É de espinhos no intimo sentido.

Por mais alto que o Mago suba e attinja
O commercio dos anjos que ha no Além,
E da côr livida do Além se tinja,
Que mais que os outros, que aqui dormem, tem?
Se a ilusão, o symbolo e a sombra
São o que rege tudo, regerão

O mesmo Além que o nosso exforço empana
Com o que de ilusão a si se ensombra.
Se tudo que nos falla nos engana,
Porque é que os Anjos não enganarão?

Vi Anjos, toquei Anjos, mas não sei
Se Anjos existem. Tal me achei ao fim
D'esse caminho de que regressei
E vi que nunca sahirei de mim.

Vã sciencia, inda que aqui, no rito certo,
Os Anjos certos viessem à chamada,
Servos da invocação que os trouxe perto.
Mestres do templo que lhes foi a estrada.
Arte vã, porque tudo, inda que obtido,
Deixa as nevoas que somos taes quaes são,
Sem mais que uma presença sem sentido,
Passando, como um cheiro ou um ruido,
Nas camaras rituaes da illusão.

Annos e annos de confusa sciencia,
Lida e relida até me ser meu ser,
Me ergueram a submersa consciencia
À superficie clara do querer.
Tracei os signaes certos, invoquei.
Obedeceram Anjos ao que eu quiz.
Nada sou, nada fiz e nada sei.
Quantos se orgulhariam do que eu fiz!
... ...
Quem me diz que não ha, Senhor do Mundo.
Um Spirito que illude? Quem me diz
Que, quanto mais o incognito approfundo,
Mais de illusão e erro não me innundo?
Sei que, quanto maior, mais infeliz.

Não ha já fé, nem sciencia, nem certeza
No que sou eu pra mim. Vermes me minam
De outra, peor, mais negra natureza
Que os que ao Mestre destruem na atra valla.
Tudo me é escuro, inda que com destreza
Os caminhos da sombra me illuminam
As dez luzes divinas da Kabbalah.

Meus pés pisam a Camara do Meio.
Minhas mãos tocam o que os Anjos são.
Já de onde estou branqueja o Limiar
Do intimo Sacrario. Sinto o ar
Do silencio ulterior tocar meu seio,
E rasgam-se olhos no meu coração.

Mas que é tudo isto, se isto não é nada?
Que sei eu d'isto, que bem pode ser
Aquella aerea, falsa e linda estrada
Que nos desertos se consegue ver?
Venci? Perdi-me? Não o sei dizer.

Poder! Poder! Ah, sempre a maldição
Da substancia do mundo! Quem me dera
Que me nascera no ermo, coração
Antes a ansia de ser só mesquinho,
Antes um somno cheio de perdão,
E ser agora qual menino eu era,
Da verdade mais proximo visinho.
(Dos mesmos Anjos mais fiel visinho).

Caminhei como os homens; sou como esse
Que viajou paizes por achar,
E não achou mais nelles do que houvesse
Na Patria de onde se houve de apartar.
Tudo é aqui, mais mar ou menos mar.

Ah, não é essa, a Outra Cousa da alma,
Que ella do fundo incognito que tem
Anceia – a grande e verdadeira calma,
Sem querer nem poder, o Summo Bem.

Com o escopro e o malhete do alcançar
Quebrei a Pedra Cubica do Altar
E a Pedra Cubica se abriu em Cruz.

Quebrara o altar, então a mim quebrei
                  então em sangue
Sobre o centro da Cruz me derramei.

Alli sacrificado, ou sacrifico,
Exausto, nullo, senti meu enfim
Aquelle coração que era ficticio
... ...
Consegui. Paz profunda, meus irmãos!

Prezas (— — —) as mãos
Minha extraordinaria liberdade
Corajosa (— — —)
... .

Symbolos? Sonhos! A verdade é a alma

                            Converti
Os cinco pontos pelos quaes me ergueram
Nas cinco chagas pelas quaes cahi.
Em cinco rubras pétalas flori.

(Foi mantida a grafia original)

Se acaso, alheado até do que sonhei,
Me encontro neste mundo a sós comigo,
E, fiel ao que eu mesmo desprezei,
Meus passos falsos verdadeiros sigo,

Desperta em mim, contrário ao que esperei
Desta espécie de fuga, ou só abrigo,
Não o ajustar-se com a externa lei,
Mas o essa lei tomar como castigo.

Então, liberto já pela esperança
Deste mundo de formas e mudança,
Um pouco atinjo pela dor e a fé

Outro mundo, em sonho e vida são
Num nada nulo, igual em escuridão,
E ao fim de tudo surge o Sol do que é.

Grandes mistérios habitam
O limiar do meu ser,
O limiar onde hesitam
Grandes pássaros que fitam
Meu transpor tardo de os ver.

São aves cheias de abismo,
Como nos sonhos as há.
Hesito se sondo e cismo,
E à minha alma é cataclismo
O limiar onde está.

Então desperto do sonho
E sou alegre da luz,
Inda que em dia tristonho;
Porque o limiar é medonho
E todo passo é uma cruz.

MAGNIFICAT

Quando é que passará esta noite interna, o universo,
E eu, a minha alma, terei o meu dia?
Quando é que despertarei de estar acordado?
Não sei. O sol brilha alto,
Impossível de fitar.
As estrelas pestanejam frio,
Impossíveis de contar.
O coração pulsa alheio,
Impossível de escutar.
Quando é que passará este drama sem teatro,
Ou este teatro sem drama,
E recolherei a casa?
Onde? Como? Quando?
Gato que me fitas com olhos de vida, quem tens lá no fundo?
É esse! É esse!
Esse mandará como Josué parar o sol e eu acordarei;
E então será dia.
Sorri, dormindo, minha alma!
Sorri, minha alma, será dia!

Há cinco Mestres de minha alma
Por (Em) cinco pontos me levanto
Da estrella que me explende calma
E tem no meio o signal santo –
A letra que nos traz dos céus
A sigla do nome de Deus.

Foi o primeiro um Architecto
Morreu sob o imperfeito tecto
Por não dizer nosso Segredo.
Tres assassinos (agressores) o mataram
Nas tres portas em que o acharam.

Seu nome, virgem de traição
Está em meu ser como um remedio
Contra o que é fraco em coração,
Contra o dessidio e contra o tédio.
À sua imagem de exhumado
Quando é que serei levantado?

Foi o segundo um Thaumaturgo
Que na Judeia,
Foi filho irreal do Demiurgo
Que é o Architecto do Universo;
Ao Deus judeu se substitui
E a Nova Lei instituiu.

Morto na cruz, diz-se na lenda
Que apoz tres dias levantou
Seu corpo e achou a sacra senda
Que Outro maior lhe
A sua imagem de cruzado
Quando serei sacrificado

Foi o terceiro

(Foi mantida a grafia original)

O DESEJADO

Onde quer que, entre sombras e dizeres,
Jazas, remoto, sente-te sonhado,
E ergue-te do fundo de não-seres
Para teu novo fado!

Vem, Galaaz com patria, erguer de novo,
Mas já no auge da suprema prova,
A alma penitente do teu povo
À Eucharistia Nova.

Mestre da Paz, ergue teu gladio ungido,
Excalibur do Fim, em geito tal
Que sua Luz ao mundo dividido
Revele o Santo Gral!

(Foi mantida a grafia original)

Nunca os vi nem fallei
E elles me teem guiado
Segundo a fórma e a lei
Do que, inda que conhecido,
Tem que ficar ignorado.

Nunca li o livro occluso
Nem vi o tumulo aberto,
Mas, em meu claustro recluso,
Vendo o céu só pela luz,
Senti a verdade perto.

Não foi o Mestre incorrupto
Nem o que foi exhumado
Que me fez negar o fruto
Que guarda em seus quatro gomos
O segredo do pecado.

Mãos do meu Anjo da Guarda,
Que bem guiaes, como dois,
O meu ser que teme e tarda,
Postas firmes nos meus hombros
Sem de que eu saiba de quem sois!

Vou pela noite infiel
Sentindo a aurora raiar
Por traz de alguem que me impelle;
Mas já adiante de mim
Vejo o dia a começar

(Foi mantida a grafia original)

Neste mundo em que esquecemos
Somos sombras de quem somos,
E os gestos reais que temos
No outro em que, almas, vivemos,
São aqui esgares e assomos.

Tudo é nocturno e confuso
No que entre nós aqui há.
Projecções, fumo difuso
Do lume que brilha ocluso
Ao olhar que a vida dá.

Mas um ou outro, um momento,
Olhando bem, pode ver
Na sombra e seu movimento
Qual no outro mundo é o intento
Do gesto que o faz viver.

E então encontra o sentido
Do que aqui está a esgarar,
E volve ao seu corpo ido,
Imaginado e entendido,
A intuição de um olhar.

Sombra do corpo saudosa,
Mentira que sente o laço
Que a liga à maravilhosa
Verdade que a lança, ansiosa,
No chão do tempo e do espaço.

A montanha por achar
Há-de ter, quando a encontrar,
Um templo aberto na pedra
Da encosta onde nada medra.

O santuário que tiver,
Quando o encontrar, há-de ser
Na montanha procurada
E na gruta ali achada.

A verdade, se ela existe,
Ver-se-á que só consiste
Na procura da verdade,
Porque a vida é só metade.

INICIAÇÃO

Não dormes sob os ciprestes,
Pois não há sono no mundo.
....
O corpo é a sombra das vestes
Que encobrem teu ser profundo.

Vem a noite, que é a morte,
E a sombra acabou sem ser.
Vais na noite só recorte,
Igual a ti sem querer.

Mas na Estalagem do Assombro
Tiram-te os Anjos a capa:
Segues sem capa no ombro,
Com o pouco que te tapa.

Então Arcanjos da Estrada
Despem-te e deixam-te nu.
Não tens vestes, não tens nada:
Tens só teu corpo, que és tu.

Por fim, na funda Caverna,
Os Deuses despem-te mais.
Teu corpo cessa, alma externa,
Mas vês que são teus iguais.
....
A sombra das tuas vestes
Ficou entre nós na Sorte.
Não 'stás morto, entre ciprestes.
....
Neófito, não há morte.

ELEGIA NA SOMBRA

Lenta, a raça esmorece, e a alegria
É como uma memória de outrem. Passa
Um vento frio na nossa nostalgia
E a nostalgia touca a desgraça!

Pesa em nós o passado e o futuro.
Dorme em nós o presente. E a sonhar
A alma encontra sempre o mesmo muro,
E encontra o mesmo muro ao despertar.

Quem nos roubou a alma? Que bruxedo
De que magia incógnita e suprema
Nos enche as almas de dolência e medo
Nesta hora inútil, apagada e extrema?

Os heróis resplendecem a distância.
Num passado impossível de se ver
Com os olhos da fé ou os da ânsia
Lembramos névoas, sonhos a esquecer.

Que crime outrora feito, que pecado
Nos impôs esta estéril provação
Que é indistintamente nosso fado
Como o sentimos bem no coração?

Que vitória maligna conseguimos –
Em que guerras, com que armas, com que armada? –
Que assim o seu castigo irreal sentimos
Colado aos ossos desta carne errada?

Terra tão linda com heróis tão grandes,
Bom Sol universal localizado
Pelo melhor calor que aqui expandes,
Calor suave e azul só a nós dado.

Tanta beleza dada e glória ida!
Tanta esperança que, depois da glória,
Só conheceu que é fácil a descida
Das encostas anónimas da história!

Tanto, tanto! Que é feito de quem foi?
Ninguém volta? No mundo subterrâneo
Onde a sombria luz por nula dói,
Pesando sobre onde já esteve o crânio,

Não restitui Plutão a sob o céu
Um herói ou o ânimo que o faz,
Como Eurídice dada à dor de Orfeu;
Ou restituiu e olhamos para trás?

Nada. Nem fé nem lei, nem mar nem porto.
Só a prolixa estagnação das mágoas,
Como nas tardes baças, no mar morto,
A dolorosa solidão das águas.

Povo sem nexo, raça sem suporte,
Que, agitada, indecisa, nem repare
Em que é raça, e que aguarda a própria morte
Como a um comboio expresso que aqui pare.

Torvelinho de dúvidas, descrença
Da própria consciência de se a ter,
Nada há em nós que, firme e crente, vença
Nossa impossibilidade de querer.

Plagiários da sombra e do abandono,
Registramos, quietos e vazios,
Os sonhos que há antes que venha o sono
E o sono inútil que nos deixa frios.

Oh, que há-de ser de nós? Raça que foi
Como que um novo sol ocidental
Que houve por tipo o aventureiro e o herói
E outrora teve nome Portugal...

(Fala mais baixo! Deixa a tarde ser
Ao menos uma externa quietação
Que por ser fim faça menos doer
Nosso descompassado coração.

Fala mais baixo! Somos sem remédio,
Salvo se do ermo abismo onde Deus dorme
Nos venha despertar do nosso tédio
Qualquer obscuro sentimento informe.

Silêncio quase? Nada dizes! Calas
A esperança vazia em que te acho,
Pátria. Que doença de teu ser se exala?
Tu nem sabes dormir. Fala mais baixo!)

Ó incerta manhã de nevoeiro
Em que o Rei morto vivo tornará
Ao povo ignóbil e o fará inteiro –
És qualquer coisa que Deus quer ou dá?

Quando é a tua Hora e o teu Exemplo?
Quando é que vens, do fundo do que é dado,
Cumprir teu rito, reabrir teu Templo
Vendando os olhos lúcidos do Fado?

Quando é que soa, no deserto de alma
Que Portugal é hoje, sem sentir,
Tua voz, como um balouçar de palma
Ao pé do oásis de que possa vir?

Quando é que esta tristeza desconforme
Verá, desfeita a tua cerração,
Surgir um vulto, no nevoeiro informe,
Que nos faça sentir o coração?

Quando? Estagnamos. A melancolia
Das horas sucessivas que a alma tem
Enche de tédio a noite e chega o dia
E o tédio aumenta porque o dia vem.

Pátria, quem te feriu e envenenou?
Quem, com suave e maligno fingimento
Teu coração suposto sossegou
Com abundante e inútil alimento?

Quem faz que durmas mais do que dormias?
Que faz que jazas mais que até aqui?
Aperto as tuas mãos: como estão frias!
Mão do meu ser que tu amas, que é de ti?

Vives, sim, vives porque não morreste...
Mas a vida que vives é um sono
Em que indistintamente o teu ser veste
Todos os sambenitos do abandono.

Dorme, ao menos, de vez. O Desejado
Talvez não seja mais que um sonho louco
De quem, por muito ter, Pátria, amado,
Acha que todo o amor por ti é pouco.

Dorme, que eu durmo, só de te saber
Presa da inquietação que não tem nome
E nem revolta ou ânsia sabes ter
Nem da esperança sentes sede ou fome.

Dorme, e a teus pés teus filhos, nós que o somos,
Colheremos, inúteis e cansados
O agasalho do amor que ainda pomos
Em ter teus pés gloriosos por amados.

Dorme, mãe Pátria, nula e postergada,
E, se um sonho de esperança te surgir,
Não creias nele, porque tudo é nada,
E nunca vem aquilo que há-de vir.

Dorme, que a tarde é finda e a noite vem.
Dorme que as pálpebras do mundo incerto
Baixam solenes, com a dor que têm,
Sobre o mortiço olhar inda desperto.

Dorme, que tudo cessa, e tu com tudo,
Quererias viver eternamente,
Ficção eterna ante este espaço mudo
Que é um vácuo azul? Dorme, que nada sente,

Nem paira mais no ar, que fora almo
Se não fora a nossa alma erma e vazia,
Que o nosso fado, vento frio e calmo
E a tarde de nós mesmos, baça e fria

Como – longínquo sopro altivo e humano!
Essa tarde monótona e serena
Em que, ao morrer o imperador romano
Disse: *Fui tudo, nada vale a pena.*

NO TÚMULO DE CHRISTIAN ROSENCREUTZ

> Não tínhamos ainda visto o cadáver de nosso Pai prudente e sábio. Por isso afastamos para um lado o altar. Então pudemos levantar uma chapa forte de metal amarelo, e ali estava um belo corpo célebre, inteiro e incorrupto..., e tinha na mão um pequeno livro em pergaminho, escrito a oiro, intitulado T., que é, depois da Bíblia, o nosso mais alto tesouro nem deve ser facilmente submetido à censura do mundo.
>
> Fama Fraternitatis Roseae Crucis

I

Quando, despertos deste sono, a vida,
Soubermos o que somos, e o que foi
Essa queda até Corpo, essa descida
Até à Noite que nos a Alma obstrui,

Conheceremos pois toda a escondida
Verdade do que é tudo que há ou flui?
Não: nem na Alma livre é conhecida...
Nem Deus, que nos criou, em Si a inclui.

Deus é o Homem de outro Deus maior:
Adam Supremo, também teve Queda;
Também, como foi nosso Criador,

Foi criado, e a Verdade lhe morreu...
De além o Abismo, Sprito Seu, Lha veda;
Aquém não a há no Mundo, Corpo Seu.

II

Mas antes era o Verbo, aqui perdido
Quando a Infinita Luz, já apagada,
Do Caos, chão do Ser, foi levantada
Em Sombra, e o Verbo ausente escurecido.

Mas se a Alma sente a sua forma errada,
Em si, que é Sombra, vê enfim luzido
O Verbo deste Mundo, humano e ungido,
Rosa Perfeita, em Deus crucificada.

Então, senhores do limiar dos Céus,
Podemos ir buscar além de Deus
O Segredo do Mestre e o Bem profundo;

Não só de aqui, mas já de nós, despertos,
No sangue actual de Cristo enfim libertos
Do a Deus que morre a geração do Mundo.

III

Ah, mas aqui, onde irreais erramos,
Dormimos o que somos, e a verdade,
Inda que enfim em sonhos a vejamos,
Vêmo-la, porque em sonho, em falsidade.

Sombras buscando corpos, se os achamos
Como sentir a sua realidade?
Com mãos de sombra, Sombras, que tocamos?
Nosso toque é ausência e vacuidade.

Quem desta Alma fechada nos liberta?
Sem ver, ouvimos para além da sala
De ser: mas como, aqui, a porta aberta?
....

Calmo na falsa morte a nós exposto,
O Livro ocluso contra o peito posto,
Nosso Pai Roseacruz conhece e cala.

EPISÓDIOS / A MÚMIA

I

Andei léguas de sombra
Dentro em meu pensamento.
Floresceu às avessas
Meu ócio com sem-nexo,
E apagaram-se as lâmpadas
Na alcova cambaleante.

Tudo prestes se volve
Um deserto macio
Visto pelo meu tacto
Dos veludos da alcova,
Não pela minha vista.
Há um oásis no Incerto
E, como uma suspeita
De luz por não-há-frinchas,
Passa uma caravana.

Esquece-me de súbito
Como é o espaço, e o tempo
Em vez de horizontal
É vertical.

    A alcova
Desce não sei por onde
Até não me encontrar.
Ascende um leve fumo

Das minhas sensações.
Deixo de me incluir
Dentro de mim. Não há
Cá-dentro nem lá-fora.
E o deserto está agora
Virado para baixo.

A noção de mover-me
Esqueceu-se do meu nome.

Na alma meu corpo pesa-me.
Sinto-me um reposteiro
Pendurado na sala
Onde jaz alguém morto.

Qualquer coisa caiu
E tiniu no infinito.

II

Na sombra Cleópatra jaz morta.
Chove.

Embandeiraram o barco de maneira errada.
Chove sempre.

Para que olhas tu a cidade longínqua?
Tua alma é a cidade longínqua.
Chove friamente.

E quanto à mãe que embala ao colo um filho morto –
Todos nós embalamos ao colo um filho morto.
Chove, chove.

O sorriso triste que sobra a teus lábios cansados,
Vejo-o no gesto com que os teus dedos não deixam os teus
[anéis.
Por que é que chove?

III

De quem é o olhar
Que espreita por meus olhos?
Quando penso que vejo,
Quem continua vendo
Enquanto estou pensando?
Por que caminhos seguem,
Não os meus tristes passos,
Mas a realidade
De eu ter passos comigo?

Às vezes, na penumbra
Do meu quarto, quando eu
Para mim próprio mesmo
Em alma mal existo,
Toma um outro sentido
Em mim o Universo –
É uma nódoa esbatida
De eu ser consciente sobre
Minha ideia das coisas.

Se acenderem as velas
E não houver apenas
A vaga luz de fora —
Não sei que candeeiro
Aceso onde na rua —
Terei foscos desejos
De nunca haver mais nada
No Universo e na Vida
De que o obscuro momento
Que é minha vida agora:

Um momento afluente
Dum rio sempre a ir
Esquecer-se de ser.
Espaço misterioso
Entre espaços desertos
Cujo sentido é nulo
E sem ser nada a nada.
E assim a hora passa
Metafisicamente.

IV

As minhas ansiedades caem
Por uma escada abaixo.
Os meus desejos balouçam-se.
Em meio de um jardim vertical.

Na Múmia a posição é absolutamente exacta.

Música longínqua,
Música excessivamente longínqua,
Para que a Vida passe
E colher esqueça aos gestos.

V

Por que abrem as coisas alas para eu passar?
Tenho medo de passar entre elas, tão paradas conscientes.
Tenho medo de as deixar atrás de mim a tirarem a Máscara.

Mas há sempre coisas atrás de mim.
Sinto a sua ausência de olhos fitar-me, e estremeço.
Sem se mexerem, as paredes vibram-me sentido.
Falam comigo sem voz de dizerem-me as cadeiras.
Os desenhos do pano da mesa têm vida, cada um é um abismo.
Luze a sorrir com visíveis lábios invisíveis
A porta abrindo-se conscientemente
Sem que a mão seja mais que o caminho para abrir-se.
De onde é que estão olhando para mim?
Que coisas incapazes de olhar estão olhando para mim?
Quem espreita de tudo?
As arestas fitam-me.
Sorriem realmente as paredes lisas.

Sensação de ser só a minha espinha.

As espadas.

Jesus sem Nazare na terra
Cristo de Gloria além da (de) altura.
À sua imagem de elevado,
Quando em seu sangue e corpo dado,
Serei enfim divinizado?

J B M.
À sua imagem de imolado
Quando serei martiryzado?

O Cristo que foi a alma
Da vida que foi Jesus.

(Foi mantida a grafia original)

Porque choras de que existe
A terra e o que a terra tem?
Tudo nosso – mal ou bem –
É ficticio e só persiste
Porque a alma aqui é ninguém.

Não chores! Tudo é o nada
Onde os astros luzes (rasgos) são.
Tudo é lei e confusão.
Toma este mundo por strada
E vae como os santos vão.

Levantado de onde lavra
O inferno(,) em que somos réus
Sob o silencio dos céus,
Encontrarás a Palavra,
O Nome interno de Deus.

E, além da dupla unidade
Do que em dois sexos mixtura
A ventura e a desventura,
O sonho e a realidade,
Serás quem já não procura.(;)

Porque, limpo de universo,
Em Christo nosso Senhor,
Por sua verdade e amor,
Reunirás o disperso
E a Cruz mostrará a Flor
(E a Cruz abrirá em Flor).

(Foi mantida a grafia original)

Em nós o Fogo reina, que primeiro
É desejo, e depois, ardendo mais,
Desse mesmo desejo se purifica.
Consume aquillo de que se alimenta,
Os diversos desejos queima eguaes,
E quer ser fogo universal e inteiro,
Chama sem lume, de si mesma rica.

Ah, mas depois que tudo é consumado
Que o fogo, por ser fogo, pode arder;
Depois que é em si mesmo sublimado;
Com tal ardencia exacerbado dura
Que a si mesmo se queima e faz não ser,
Seu ardor para dentro vira anciado,
E a chama pura torna-se luz pura.

Assim tornado o ser que sou commigo,
Vi que quando cercara o que eu quizera
— Altar ou vara, livro e templo —
Nunca fóra de mim estivera,
Só por julgal-o tal fôra inimigo.

E então vi que essa Cruz em que converso
Jazia o altar outrora meu
Era, em Cruz de Luz, todo o Universo
E que essa Cruz era quem fora eu.
Sobre ella a Luz Perfeita em mim erguida
Cahira, numa inteira identidade,
Pois essa Pedra Cubica partida
E a minha alma em luz pura resolvida
Eram a mesma coisa, era a Verdade.

(Foi mantida a grafia original)

PRIMEIRO TEMA
O MISTÉRIO DO MUNDO

I

Quero fugir ao mistério
Para onde fugirei?
Ele é a vida e a morte
Ó Dor, aonde me irei?

II

O mistério de tudo
Aproxima-se tanto do meu ser,
Chega aos olhos meus d'alma tão [de] perto,
Que me dissolvo em trevas e universo...
Em trevas me apavoro escuramente.

III

O perene mistério, que atravessa
Como um suspiro céus e corações...

IV

O mistério ruiu sobre a minha alma
E soterrou-a... Morro consciente!

V

Acorda, eis o mistério ao pé de ti!
E assim pensando riu amargamente,
Dentro em mim riu como se chorasse!

VI

Ah, tudo é símbolo e analogia!
O vento que passa, a noite que esfria,
São outra coisa que a noite e o vento —
Sombras de vida e de pensamento.

Tudo o que vemos é outra coisa.
A maré vasta, a maré ansiosa,
É o eco de outra maré que está
Onde é real o mundo que há.

Tudo o que temos é esquecimento.
A noite fria, o passar do vento,
São sombras de mãos, cujos gestos são
A ilusão madre desta ilusão.

VII

Mundo, confranges-me por existir.
Tenho-te horror porque te sinto ser
E compreendo que te sinto ser
Até às fezes da compreensão.
Bebi a taça [...] do pensamento

Até ao fim; reconheci-a pois
Vazia, e achei horror. Mas eu bebi-a.
Raciocinei até achar verdade,
Achei-a e não a entendo. Já se esvai
Neste desejo de compreensão,
Inalteravelmente,
Neste lidar com seres e absolutos,
O que em mim, por sentir, me liga à vida
E pelo pensamento me faz homem.
....
....
.... E neste orgulho certo
Fechado mais ainda e alheado
Me vou, do limitado e relativo
Mundo em que arrasto a cruz do meu pensar.

VIII

Cidades, com seus comércios...

Tudo é permanentemente estranho, mesmamente
Descomunal, no pensamento fundo;
Tudo é mistério, tudo é transcendente
Na sua complexidade enorme:
Um raciocínio visionado e exterior,
Uma ordeira misteriosidade, —
Silêncio interior cheio de som.

IX

                    Já estão em mim exaustas,
Deixando-me transido de terror,
Todas as formas de pensar [...]
O enigma do universo. Já cheguei
A conceber, como requinte extremo
Da exausta inteligência, que era Deus...
....

Já cheguei a aceitar como verdade
O que nos dão por ela, e a admitir
Uma realidade não real
Mas não sonhada, [como o] Deus Cristão.
....

... Falhados pensamentos e sistemas
Que, por falharem, só mais negro fazem
O poder horroroso que os transcende
A todos, [sim,] a todos.
Oh horror! Oh mistério! Oh existência!
....

X

O segredo da Busca é que não se acha.
Eternos mundos infinitamente,
Uns dentro de outros, sem cessar decorrem
Inúteis; Sóis, Deuses, Deus dos Deuses
Neles intercalados e perdidos
Nem a nós encontramos no infinito.
Tudo é sempre diverso, e sempre adiante
De [Deus] e Deuses: essa, a luz incerta
Da suprema verdade.

XI

Nos vastos céus estrelados
Que estão além da razão,
Sob a regência de fados
Que ninguém sabe o que são,
Há sistemas infinitos,
Sóis centros de mundos seus,

E cada sol é um Deus.

Eternamente excluídos
Uns dos outros, cada um
É universo.

XII

Num atordoamento e confusão
Arde-me a alma, sinto nos meus olhos
Um fogo estranho, de compreensão
E incompreensão urdido, enorme
Agonia e anseio de existência,
Horror e dor, [agonia] sem fim!

XIII

Fantasmas sem lugar, que a minha mente
Figura no visível, sombras minhas
Do diálogo comigo.

XIV

Não, não vos disse... A essência inatingível
Da profusão das coisas, a substância,
Furta-se até a si mesma. Se entendestes
Neste ou naquele modo o que vos disse,
Não o entendestes, que lhe falta o modo
Per que se entenda.

XV

Do eterno erro na eterna viagem,
O mais que [exprime] na alma que ousa,
É sempre nome, sempre linguagem,
O véu e capa de uma outra cousa.

Nem que conheças de frente o Deus,
Nem que o Eterno te dê a mão,
Vês a verdade, rompes os véus,
Tens mais caminho que a solidão.

Todos os astros, inda os que brilham
No céu sem fundo do mundo interno,
São só caminhos que falsos trilham
Eternos passos do erro eterno.

Volta a meu seio, que não conhece
    os deuses, porque os não vê,
Volta a meus braços, melhor esquece
    que tudo só fingir que é.

XVI

Ondas de aspiração [...]
Sem mesmo o coração e alma atingir
Do vosso sentimento; ondas de pranto,
Não vos posso chorar, e em mim subis,
Maré imensa, numerosa e surda,
Para morrer da praia no limite
Que a vida impõe ao Ser; ondas saudosas
De algum mar alto aonde a praia seja
Um sonho inútil, ou de alguma terra
Desconhecida mais que o eterno [amor]
De eterno sofrimento, e aonde formas
Dos olhos de alma não imaginadas
Vogam, essências [...]
Esquecidas daquilo que chamamos
Suspiros, lágrimas, desolação;
[Ondas] nas quais não posso visionar
Nem dentro em mim, em sonho, [barco] ou ilha,
Nem esperança transitória, nem
Ilusão nada da desilusão;
Oh, ondas sem brancuras nem asperezas,
Mas redondas, como óleos, e silentes
No vosso intérmino e total rumor —
Oh, ondas das almas, decaí em lago
Ou levantai-vos ásperas e brancas
Com o sussurro ácido da esperança...
Erguei em tempestades a minha alma!
....
.... Não haverá,
Além da morte e da imortalidade,
Qualquer coisa maior? Ah, deve haver

Além da vida e morte, ser, não ser,
Um inominável supertranscendente,
Eterno incógnito e incognoscível!

Deus? Nojo, Céu, inferno? Nojo, nojo.
P'ra que pensar, se há-de parar aqui
O curto voo do entendimento?
Mais além! Pensamento, mais além!

XVII

Paro à beira de mim e me debruço...
Abismo... E nesse abismo o Universo,
Com seu tempo e seu 'spaço, é um astro, e nesse
Alguns há, outros universos, outras
Formas do Ser com outros tempos, 'spaços
E outras vidas diversas desta vida...

O espírito é outra estrela... O Deus pensável
É um sol... E há mais Deuses, mais espíritos
De outras essências de Realidade...

E eu precipito-me no abismo, e fico
Em mim... E nunca desço... E fecho os olhos
E sonho — e acordo para a Natureza
Assim eu volto a mim e à Vida...
....
Deus a si próprio não se compreende.
Sua origem é mais divina que ele,
E ele não tem a origem que as palavras
Pensam fazer pensar...
....

O abstracto Ser [em sua] abstracta ideia
Apagou-se, e eu fiquei na noite eterna.
Eu e o Mistério — face a face...

XVIII

No meu abismo medonho
Se despenha mudamente
A catarata de sonho
Do mundo eterno e presente.
Formas e ideias eu bebo,
E o mistério e horror do mundo
Silentemente recebo
No meu abismo profundo.

O Ser em si nem é o nome
Do meu ser inenarrável;
No meu mudo Maëlstrom
O grande mundo inestável
Como um suspiro se apaga
E um silêncio mais que infindo
Acolhe o acorrer do vago
Que em mim se vai esvaindo.

Por mais que o Ser, que transcende
Criatura e Criador,
Se esse Ser ninguém entende
Ele, a mim e ao meu horror,
Menos. Vida, pensamento,
Tudo o que nem se adivinha,
É tudo como um momento
Numa eternidade minha.

....

XIX

.... Abre-me o sonho
Para a loucura a tenebrosa porta,
Que a treva é menos negra que esta luz.

O terror desvaria-me, o terror
De me sentir viver e ter o mundo
Sonhado a laços de compreensão
Na minha alma gelada.

XX

A qualquer modo todo escuridão
Eu sou supremo. Sou o Cristo negro.
O que não crê, nem ama — o que só sabe
O mistério tornado carne —.

XVII

Paro à beira de mim e me debruço...
Abismo... E nesse abismo o Universo,
Com seu tempo e seu 'spaço, é um astro, e nesse
Alguns há, outros universos, outras
Formas do Ser com outros tempos, 'spaços
E outras vidas diversas desta vida...

O espírito é outra estrela... O Deus pensável
É um sol... E há mais Deuses, mais espíritos
De outras essências de Realidade...
E eu precipito-me no abismo, e fico
Em mim... E nunca desço... E fecho os olhos
E sonho — e acordo para a Natureza

Assim eu volto a mim e à Vida...
....
Deus a si próprio não se compreende.
Sua origem é mais divina que ele,
E ele não tem a origem que as palavras
Pensam fazer pensar...
....
O abstracto Ser [em sua] abstracta ideia
Apagou-se, e eu fiquei na noite eterna.
Eu e o Mistério — face a face...

XVIII

No meu abismo medonho
Se despenha mudamente
A catarata de sonho
Do mundo eterno e presente.
Formas e ideias eu bebo,
E o mistério e horror do mundo
Silentemente recebo
No meu abismo profundo.

O Ser em si nem é o nome
Do meu ser inenarrável;
No meu mudo Maëlstrom
O grande mundo inestável
Como um suspiro se apaga
E um silêncio mais que infindo
Acolhe o acorrer do vago
Que em mim se vai esvaindo.

Por mais que o Ser, que transcende
Criatura e Criador,
Se esse Ser ninguém entende

Ele, a mim e ao meu horror,
Menos. Vida, pensamento,
Tudo o que nem se adivinha,
É tudo como um momento
Numa eternidade minha.
....

XIX

.... Abre-me o sonho
Para a loucura a tenebrosa porta,
Que a treva é menos negra que esta luz.

O terror desvaria-me, o terror
De me sentir viver e ter o mundo
Sonhado a laços de compreensão
Na minha alma gelada.

XX

A qualquer modo todo escuridão
Eu sou supremo. Sou o Cristo negro.
O que não crê, nem ama — o que só sabe
O mistério tornado carne —.
Há um orgulho atro que me diz
Que sou Deus inconsciencindo-me
Para humano; sou mais real que o mundo.
Por isso odeio-lhe a existência enorme,
O seu amontoar de coisas vistas.
Como um santo devoto
Odeio o mundo, porque o que eu sou
E que não sei sentir que sou, conhece-o

Por não real e não ali.
Por isso odeio-o —
Seja eu o destruidor! Seja eu Deus ira!

XXI

Sou a Consciência em ódio ao inconsciente,
Sou um símbolo incarnado em dor e ódio,
Pedaço de alma de possível Deus
Arremessado para o mundo
Com a saudade pávida da pátria...
....
Ó sistema mentido do universo,
Estrelas nadas, sóis irreais,
Oh, com que ódio carnal e estonteante
Meu ser de desterrado vos odeia!
Eu sou o inferno. Sou o Cristo negro,
Pregado na cruz ígnea de mim mesmo.
Sou o saber que ignora,
Sou a insónia da dor e do pensar...

....

XXII

Ah, não poder tirar de mim os olhos,
Os olhos da minha alma [...]
(Disso a que alma eu chamo)
Só sei de duas coisas, nelas absorto
Profundamente: eu e o universo,
O universo e o mistério e eu sentindo
O universo e o mistério, apagados
Humanidade, vida, amor, riqueza.

Oh vulgar, oh feliz! Quem sonha mais,
Eu ou tu? Tu que vives inconsciente,
Ignorando este horror que é existir,
Ser, perante o [profundo] pensamento
Que o não resolve em compreensão, tu
Ou eu, que analisando e discorrendo
E penetrando [...] nas essências,
Cada vez sinto mais desordenado
Meu pensamento louco e sucumbido.
Cada vez sinto mais como se eu,
Sonhando menos, consciência alerta
Fosse apenas sonhando mais profundo...
....

XXIII

.... Ah, que diversidade,
E tudo sendo. O mistério do mundo,
O íntimo, horroroso, desolado,
Verdadeiro mistério da existência,
Consiste em haver esse mistério.
....

XXIV

Essa simplicidade d'alma
Possuída não só dos inocentes
Mas até dos viciosos, criminosos...
....
.... essa simplicidade
Perdi-a, e só me resta um vácuo imenso
Que o pensamento friamente ocupa.

Notas Explicativas

Os textos reunidos com o título de *O que é o Ocultismo*, todos da autoria de Fernando Pessoa, foram extraídos do volume *À procura da verdade oculta*, org. de Antônio Quadros (Publicações Europa-América).

Escreveu Antônio Quadros, que foi um dos maiores estudiosos da obra de Fernando Pessoa: "O saber do oculto, em Fernando Pessoa, não terá concluído a cúpula do vasto e complexo edifício projetado, porque o autor foi forçado a deixar a construção em meio, como aconteceu, paradigmaticamente, com as Capelas Imperfeitas da Batalha (um dos principais templos de Portugal). Mas como nas Capelas Imperfeitas, *o que ficou ficará:* na sua poesia e também nos seus textos fragmentários de prosa à *procura da verdade oculta*" (...)

* * *

Os poemas selecionados para este volume das *Poesias Ocultistas* de Fernando Pessoa têm aparecido no conjunto de várias edições, mas procuramos acompanhar, sempre que possível, a edição organizada por Antônio Quadros e Dalila Pereira da Costa (ed. Lello).

* * *

Extraímos também 3 poemas do livro *Rosea Cruz*, organizado e prefaciado por Pedro Teixeira da Mota (ed. Manuel Lencastre). Mantivemos a grafia original da edição.

* * *

Os dois poemas extraídos de *Pessoa por conhecer*-II, de Teresa Rita Lopes, mantêm igualmente a grafia original da edição.

* * *

Chama-se a atenção dos leitores para 3 poemas heteronímicos neste volume – 1 de Ricardo Reis e 2 de Álvaro de Campos.

* * *

O critério seguido para a ordem dos poemas antologiados foi a data cronológica de cada texto. Os não-datados ficaram no fim.

* * *

A maioria dos poemas selecionados foi incluida entre os textos ocultistas de Fernando Pessoa por vários estudiosos pessoanos.

* * *

O horóscopo de Fernando Pessoa feito por ele mesmo assim como o texto de próprio punho foram reproduzidos do livro *Mar Portuguez e a Simbólica da Torre de Belém* por Paulo Cardoso (ed. Estampa).

* * *

O volume POESIAS OCULTISTAS começou a ser preparado em 1975 por João Alves das Neves.

Bibliografia

VIDA E OBRA DE FERNANDO PESSOA (História de uma geração) (João Gaspar Simões)

FERNANDO PESSOA, VIDA, PERSONALIDADE E GÊNIO (Antônio Quadros)

FERNANDO PESSOA ET LE DRAME SYMBOLISTE (Héritage et création) (Teresa Rita Lopes)

PESSOA POR CONHECER, 1º E 2º VOLS. (Teresa Rita Lopes)

FERNANDO PESSOA – UMA FOTOBIOGRAFIA (Marta José de Lencastre)

MAR PORTUGUEZ E A SIMBÓLICA DA TORRE DE BELÉM (Paulo Cardoso)

MAR PORTUGUEZ / A MENSAGEM ASTROLÓGICA DA "MENSAGEM" (Paulo Cardoso)

POEMAS OCULTISTAS (org. de Petrus)

MENSAGEM (Poemas Esotéricos) (José Augusto Seabra)

ROSAE CRUZ (Pedro Teixeira da Mota)

O OCULTO (Colin Wilson)

MAGIK (Aleister Crowley)

O MÁGICO (Somerset Maugham)

HISTÓRIA DAS ORGIAS (Burgo Partridge)

O ESOTERISMO DE FERNANDO PESSOA (Dalila L. Pereira da Costa)

FERNANDO PESSOA E A FILOSOFIA HERMÉTICA (Yvette Centeno)

D. SEBASTIÃO E O ENCOBERTO (org. Antônio Machado Pires)

O OCULTO EM FERNANDO PESSOA (João Alves das Neves), in rev. *Planeta*, junho/88

O MAGO CROWLEY (João Alves das Neves), in Supl. Lit. de *O Estado de S. Paulo*

O POETA DO MISTÉRIO (João Alves das Neves), in *Jornal da Tarde*, 09/04/88, SP

João Alves das Neves

Com mais de 20 livros publicados sobre temas luso-afro-brasileiros, João Alves das Neves é professor da Faculdade de Comunicação Social Cásper Líbero (também lecionou na Escola Superior de Jornalismo, em Portugal), tendo proferido dezenas de conferências em Universidades e outras instituições culturais. Foi redator-editorialista do jornal *O Estado de S. Paulo* por cerca de três décadas. Hoje dedica-se à Literatura e ao ensino universitário e é colaborador de vários jornais e revistas, portugueses e brasileiros.

Outros estudos pessoanos de João Alves das Neves:

FERNANDO PESSOA, 1960

FERNANDO PESSOA E O NACIONALISMO, conf., 1961

SIMPLIFICAÇÃO DE FERNANDO PESSOA, conf., 1968

FERNANDO PESSOA E O BRASIL, comunicação ao I Congresso, 1978

DE LUÍS DE CAMÕES a FERNANDO PESSOA, expo. bibl. e iconog., 1980

PARALELISMO ENTRE CAMÕES E FERNANDO PESSOA, conf., 1981

ESTUDOS PESSOANOS NO BRASIL, com. ao Colégio sobre Modernismo e Vanguardismo, Univ. Califórnia, 1983

FERNANDO PESSOA, O POETA SINGULAR E PLURAL, 1985

FERNANDO PESSOA, conf., 1985

ESTUDOS SOBRE FERNANDO PESSOA NO BRASIL, ccord. do I Colóquio Luso-Brasileiro de Estudos Pessoanos, SP, 1985

UM JORNALISTA CHAMADO FERNANDO PESSOA, in rev. *Imprensa*, Prêmio Esso de Jornalismo – Divulgação Cultural, 1988

OS ESTUDOS PESSOANOS NO BRASIL, in *As relações literárias de Portugal com o Brasil*, 1992

COMBOIO, SAUDADES, CARACOIS, Poemas para Crianças de Fernando Pessoa (org., sel. e notas – 5ª. ed. em 1995)

FERNANDO PESSOA EM TERRITÓRIO ARGANILENSE, 1994

A SAGA DAS NAVEGAÇÕES E DOS DESCOBRIMENTOS NA VOZ DOS POETAS CAMÕES E FERNANDO PESSOA, conf. em Porto Alegre, 1994

O ECONOMISTA FERNANDO PESSOA, no vol que organizou e selecionou, em 1992, sob o título de *Estatização, Monopólio, liberdade e outros estudos sobre economia e administração* (textos de Fernando Pessoa)

150 POEMAS DE FERNANDO PESSOA (org., sel. e prefácios – *no prelo*)

Índice

FERNANDO PESSOA, POETA DO MISTÉRIO
(João Alves das Neves), 7

O QUE É O OCULTISMO
(textos em prosa de Fernando Pessoa), 29

POEMAS OCULTISTAS:

    Sonho (manuscrito com data de 24/5/1902, reproduzido do livro *Pessoa por Conhecer II*, org. de Teresa Rita Lopes), 45

    Metempsychose (manuscrito com data de 5/7/1902, reproduzido de *Pessoa por Conhecer I*, org. de Teresa Rita Lopes, 46

    "Meu pensamento é um rio subterrâneo." (05/11/1914)

    Além Deus: (1915), 49

        I / Abismo, 49

        II / Passou, 49

        III / A Voz de Deus, 50

        IV / A Queda, 50

        V / **Braço Sem Corpo Brandindo Um Gládio**, 51

    (Anjos ou deuses, sempre nós tivemos) (*Ricardo Reis* – 16/10/1914), 52

    Passos da Cruz (I a XIV – 1914/1915), 53

    (O mundo rui a meu redor, escombro a escombro) (10/2/1917), 63

(Súbita mão de algum fantasma oculto) (14/3/1917), 64

Natal (1917), 65

Gomes Leal (27/1/1924), 66

Demogorgon (*Álvaro de Campos* – 12/4/1928), 67

Epitáfio Desconhecido (26/6/1929), 68

O Último Sortilégio (1930), 69

Hino a Pã (de Mestre Therion – *Aleister Crowley* – 1931) traduzido e publicado por Fernando Pessoa, 71

(A morte é a curva da estrada) (23/5/1932), 74

(Lâmpada deserta) (14/8/1932), 75

(Oscila o incensório antigo) (22/9/1932), 76

(Na sombra do Monte Abiegno) (3/10/1932), 77

(Do vale à montanha) (24/10/1932), 79

(Não meu, não meu é quanto escrevo) (09/11/1932), 81

(Não quero ir onde não há luz) (16/11/1932), 82

(Nesta vida, em que sou meu sono) (11/12/1932), 83

(Em outro mundo, onde a vontade é lei) (1932), 84

O Encoberto (21/2/1933 – 11/2/1943, de *Mensagem*), 85

Eros e psique (8/7/1933), 86

Depuz cheio de sombra e de cansaço (24/8/1933, de *Rosea Cruz*, poemas de Fernando Pessoa, recolhidos por Pedro Teixeira da Mota, ed. Manuel Lencastre, Lisboa, 1989), 88

(Se acaso, alheado até do que sonhei) (28/9/1933), 92

(Grandes mistérios habitam) (2/10/1933), 93

Magnificat (*Álvaro de Campos* – 5/11/1933), 94

(Há cinco Mestres de minha alma) (3 a 4/1/1934, de *Rosea Cruz*, poemas de Fernando Pessoa, recolhidos por Pedro Teixeira da Mota, ed. Manuel Lencastre, Lisboa, 1989), 95

O Desejado (18/1/1934, de *Mensagem*), 97

(Nunca os vi nem fallei) (9/5/1934, de *Rosea Cruz*, poemas de Fernando Pessoa, recolhidos por Pedro Teixeira da Mota, ed. Manuel Lencastre, Lisboa, 1989), 98

(Neste mundo em que esquecemos) (9/5/1934), 99

(A montanha por achar) (21/9/1934), 100

Iniciação (Publicado em 1935), 101

Elegia na Sombra (2/6/1935), 102

No Túmulo de Christian Rosencreutz (Poema sem data), 108

Episódios / A Múmia (I a V), (Poema sem data), 111

(Jesus sem Nazare na terra) (de *Rosea Cruz*, poemas de Fernando Pessoa recolhidos por Pedro Teixeira da Mota, ed. Manuel Lencastre, Lisboa, 1989), 116

(Porque choras de que existe) (6/2/1934, de *Rosea Cruz*, poemas de Fernando Pessoa, recohidos por Pedro Teixeira da Mota, ed. Manuel Lencastre, Lisboa, 1989), 117

(Em nós o Fogo reina, que primeiro) (de *Rosea Cruz*, poemas de Fernando Pessoa, recolhidos por Pedro Teixeira da Mota, ed. Manuel Lencastre, Lisboa, 1989), 118

O Mistério do Mundo (I a XXIV – de *Primeiro Fausto*), 119

NOTAS EXPLICATIVAS, 133

BIBLIOGRAFIA, 135

Leia da Editora Aquariana

Dicionário Prático de Ecologia
Ernani Fornari

O objetivo deste Dicionário é atender um público não-especializado, porém ávido por informações, com definições simples de palavras e expressões que cada dia são mais divulgadas e incorporadas ao cotidiano cultural. É uma obra de consulta, correta e simplificada, particularmente útil para professores, estudantes, planificadores, administradores e profissionais das áreas ambiental, biomédica, agropecuária e comunicação, entre outras.

Princípios do Ecoedifício
Interação entre ecologia, consciência e indivíduo
Roberto Sabatella Adam

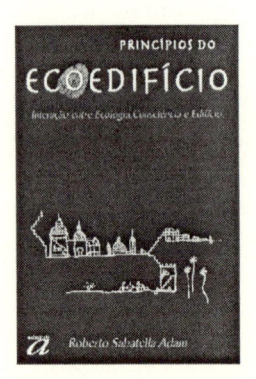

Ecoedifício é a perspectiva de conciliar ecossistemas naturais e edifício. É um conceito dinâmico e progressivo de qualificação que integra indivíduo, edifício e ecossistemas, permitindo que todos assimilem-se harmonicamente. O objetivo é, desde o projeto, conhecer e atuar sobre os ciclos de recursos e energias nos edifícios (em todas as fases da sua vida, construção, consumo, demolição, etc...), avaliando as conseqüências desta atuação.

Walden ou a Vida nos Bosques
Henry David Thoreau

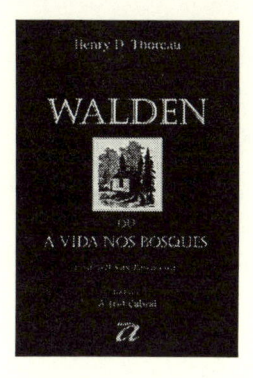

Desde a sua publicação, em 1854, *Walden ou a Vida nos Bosques* se converteu numa bíblia secreta, lida e amada no mundo inteiro. Sem este livro planetário, que une poesia, ciência e profecia, não teria havido Gandhi, o movimento ecológico e a rebelião mundial da juventude. Pelo seu dom de fazer florir e frutificar o coração do homem, esta obra é uma semente.

Histórias de Uma Peregrina
Santiago de Compostela e outros caminhos
Lúcia Amaral de Oliveira Ribeiro

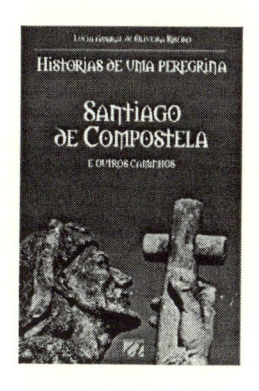

Resignificando, durante a peregrinação, os caminhos, a natureza, os pequenos encontros, as culturas locais e a própria fé, o peregrino passa por um processo que é uma verdadeira cartase, podendo redimensionar seus valores e sua vida. Esse é o movimento que acompanhamos através da narrativa da Lúcia, peregrina no Caminho de Santiago e na Índia.

Impresso nas oficinas da
Gráfica Palas Athena